家藏文库

四字鉴略

〔清〕王仕云 著　张万钧 注解

中州古籍出版社
·郑州·

图书在版编目（CIP）数据

四字鉴略 /（清）王仕云著；张万钧注解．—郑州：中州古籍出版社，2017.10（2021.1 重印）
（家藏文库）
ISBN 978-7-5348-7331-7

Ⅰ.①四… Ⅱ.①王…②张… Ⅲ.①古汉语–启蒙读物 Ⅳ.① H194.1

中国版本图书馆 CIP 数据核字（2017）第 226846 号

SI ZI JIANLÜE
四字鉴略

选题策划	卢欣欣　赵发杰
约稿统筹	卢欣欣
责任编辑	董祐君
责任校对	钟　舟
封面设计	王　歌
版式设计	曾晶晶

出 版 社	中州古籍出版社（地址：郑州市郑东新区祥盛街 27 号 6 层　邮编：450016　电话：0371-65723280）
发行单位	新华书店
承印单位	河南新华印刷集团有限公司
开　　本	640 mm × 960 mm　1/16
印　　张	13.25
字　　数	177 千字
版　　次	2017 年 10 月第 1 版
印　　次	2021 年 1 月第 2 次印刷
定　　价	24.00 元

本书如有印装质量问题，请与出版社调换。

前　言

（一）

　　记述我国五千年光辉灿烂历史的书籍种类众多，卷帙浩繁，从孔夫子笔削《春秋》，左丘明作《左传》，司马迁撰《史记》始，直至各个朝代迭起相承的正史，以及众多的野史笔记等，真可谓汗牛充栋、浩如烟海了。如何将这些岁月漫长、千头万绪的历史加以浓缩，使之成为一部连贯完整的通史以教育后人，早已被历来史学家重视，然而工程浩大，困难重重，很难实现。直至一千多年之前，宋朝的司马光才集中精力，组织几位得力学者为助手，历时近二十年，终于完成了一部上起战国，下迄五代的后周，跨时一千三百多年的编年体通史——《资治通鉴》，详尽地记述了各个朝代兴衰治乱的历史。顾名思义，编纂此书的目的，在于总结历史经验教训，以供统治者执政参考。全书长达三百余万字，要全部通读，并加以记忆，依然是很困难的。因而到南宋时，大哲学家、教育家朱熹便根据《资治通鉴》等书，提纲挈领，简化内容，编纂出《通鉴纲目》一书，成为适合学生学习历史的教材而风行海内。到了明代，学者王世贞和袁黄又吸取了朱熹的《通鉴纲目》体例，分别编纂了叙事更为详明的《纲鉴》，被冠以《袁王纲鉴合纂》《袁了凡纲鉴》等书名，一再翻印。到了清朝时，又有乾隆年间官修的《御批通鉴辑览》，《古文观止》的编者吴乘权（字楚材）也编有《纲鉴易知录》。这些简述中国通史的古籍都成为明清时期秀才童生们必读的课本和教材，但还不能作为儿童启蒙用的通俗读物。

对儿童进行启蒙教育，总是从识字和记诵开始，根据这个特点，便决定了启蒙读物必须是韵文。如明清两朝最畅销的启蒙读物，被书商称为"三百千千"，即《三字经》《百家姓》《千字文》《千家诗》，无一不是韵文。那么，这些韵文读物，是从何时开始出现并流行开来的呢？追本溯源，最早用四字一句韵文编写的启蒙读物，当推南北朝时梁朝出现的《千字文》。因为梁武帝爱好王羲之的书法，为了查找某一个字的书写笔法，便让大臣周兴嗣从王氏墨迹中挑选出一千个不重复的字，编为韵文，以便诵读记忆和临习。无心插柳柳成荫，本意为临习书法所用的《千字文》，由于其便于诵读记忆，对儿童学习认字极有作用，便被后人作为启蒙读物而流传开来。到了唐代，李瀚编著了《蒙求》，宋代又有王令编著了《十七史蒙求》，这两部书都采用了四言一句、上下两句对仗的韵语，即《千字文》所用的体例。这两部书的出现，不仅使启蒙读物大大丰富起来，而且书名中均明确有"蒙求"二字，从而使启蒙类读物，在门类众多的图书海洋中，确立了一席地位。不过这些书虽然在书名中有"十七史"字样，但内容并未系统叙述整个历史发展过程，而是侧重于历史人物的介绍和押韵对仗，并不按时代先后演说，比如"孔明卧龙，吕望飞熊""燕许手笔，李杜文章"等。

最早系统记述中国历史的启蒙读物，当推南宋时王应麟编著的《三字经》，虽然此书内容以儒家的伦理道德教育为主，不过其中有二百多字，专述了中国历史发展过程。《三字经》一书后来成为启蒙必备的读本之一,随着时间的延长,历史部分也被一续再续,从元明清直续至民国,也不过三百字而已。所以《三字经》虽被后人称为"小纲鉴",但仍不能称之为叙说中国历史的专著。南宋遗民黄继善著《史学提要》一卷,虽采用四字韵语编写历史,但很简略,《四库全书》将其列入史评类存目,对后世影响不大。到了明代正德年间,才华横溢的状元杨慎(字用修,号升庵)编著了一部《廿一史弹词》,才是第一部用韵文讲述中国通史的专著。"滚滚长江东逝水,浪花淘尽英雄……"这首《临江仙》词,由于被选为电视剧《三国演义》的主题曲,近年来,已成为家喻户晓的名曲。但是恐怕很少有人知道,其出处就是这部《廿一史弹词》。杨慎创作这部弹词的目的,是为了向百姓演唱,而不是为了向儿童启蒙。同时,又因其句子长短不一,也不适宜儿童诵读。直至万历年间,大学士李廷机编著了《鉴略》一书,用五字一句的韵文,系统演述了从三皇五帝开始,直至元末明初的全部历史。由于其便于记诵,一经问世,大受欢迎,村塾社学纷纷采用,作为必备的启蒙读物之一。清朝康熙初,又出现了这部王仕云编著的《四字鉴略》,较之李廷机的书更为简洁易记,遂成为最畅销的一部讲史启蒙读物。

(二)

王仕云,字望如,号桐庵老人,又号江南过客。生卒年不详,约生于明万历年间,卒于清康熙年间。江南歙县(今属安徽)人,后迁居江宁(今南京),顺治九年(1652)进士,授福建泉州府推官,这是个管理刑狱的职务。顺治十二年(1655),闽浙总督佟岱弹劾吏部侍郎周亮工,说周亮工在福建布政使任上有滥杀百姓和巨额贪污行为。因而将周亮工免职,押解回福建受审。王仕云奉命参加审理此案。他秉公办事,实事求是，进行调查，认为加给周亮工的一些罪名不实，因而不肯对周亮工进行陷害。这下触怒了总督佟岱，以王仕云是周亮工的死党为名，将王仕云逮捕下狱，派人威逼王揭发周的罪行。但王仕云始终不肯改口，结果这个案子一直拖了五年，到顺治十七年（1660）才定案，周亮工被判斩，并籍没家产。王仕云也因此受牵连而判死刑，等待处决。就在这关键时刻，刑部又改判周亮工免死，流放宁古塔效力。王仕云也因此被挂了起来，在监狱里无人理睬。世事变化往往出人意料，就在周亮工尚未动身往宁古塔（今黑龙江宁安）之时，福建官场倾轧加剧，总督佟岱和巡抚秦世祯不和，互相揭发弹劾，被双双免职。周亮工又因此而免罪，重新起用，到山东任布政使兼海防道等职。王仕云也被赦放回家。王仕云的好友著名诗人施闰章为他被释放写了一首五律：《喜王望如赦还》，并附一小序云："王因不肯罗织周侍郎，下狱论死。终不更改一语，赦归，自号'过客'。"短短二十多个字充分揭示了王仕云刚正不阿的气节。他被赦放后不久，又被任命为湖广衡州府（今湖南衡阳）推官。在衡州数年，一如既往，始终保持着廉洁耿直的品格，政绩显著。他一上任，便核查监狱，将一大批因无力交纳田赋而被关押的贫苦农民统统释放，对于敲诈勒索百姓的恶吏则严加惩办，并枷号于闹市示众。又悬铜钲于衙门大门之外。凡有冤情者，都可以击钲来申诉。当地有显宦高官，其家仆人仗势横行乡里，欺压平民，王仕云不畏权势，对豪仆依法惩戒。如此种种，深受地方人士歌颂，被称为衡州名宦。《湖广通志》《大清一统志》均载有他的事迹。

康熙六年（1667），清政府机构调整，裁删全国各府推官这一职务，王仕云才离开衡州，出任广东程远县（今梅县）知县。这样他在广东任职达十余年之久。据《广东通志》记载，他于康熙十六年（1677）还出任过平远县知县。在这以后，则未见有其活动的记载，不过，根据他顺治九年中进士，顺治十五年（1658）出版有《王仕云评第五才子书水浒传》

一书,至其出任平远知县时,年龄应该在六十岁左右了。任满当致仕返乡。王仕云一生著述不多,除上述书籍外,尚有一部《论史异同》。他的三部著述,影响最大、流传最广、多次被翻刻的就是这部《四字鉴略》。这部书初版时原名《鉴略四字书》,后才改今名而通行开来。

(三)

从清初直至民国,以演述中国通史为主旨的启蒙读物,有李廷机的《鉴略》、王仕云的《四字鉴略》、许逊翁的《韵史》、鲍东里的《史鉴节要》等,林林总总,版本众多。但终推这部《四字鉴略》为最优秀、最畅销的一部。

李廷机的《鉴略》又称《五字鉴略》,是问世最早的一部演述通史的启蒙专著,朝代排列层次分明,体现了作者的博学多识。但是筚路蓝缕,仍不免有所疏漏混乱、取舍不当之处。如其《春秋纪》一节,全文仅十二句,讲孔子的便占了八句,讲春秋发生的大事,则仅一句"五霸并成仇",而将齐桓公、管仲、宁戚等编入《战国纪》中去了。又如《晋纪》,叙述了竹林七贤、王祥卧冰、毕卓偷酒等人和事,而对"八王之乱""淝水之战"等大事却未提及。记述汉武帝则又杂入了西王母乘鸾来相会、献蟠桃等神话内容。由于该书叙史止于元末,因而到清乾隆年间,又有邹圣脉为之补叙了《明纪》,邹圣脉在序言中称:"余不揣固陋,加以润色,而增其未备。"而原文本有过于繁冗之缺陷,反被增得更甚。在其注释中有重复之处,如汉张良事迹,在《秦纪》和《汉纪》中几乎一字不易地重复出现。又在卷首增加了一卷浸透八股笔法的《总论》,并更改书名为《鉴略妥注》,脱离了启蒙读物的范畴,成为生员秀才们的读物了。

至于《韵史》一书,作者许令瑜,字元忠,号逊翁(一作逊叟),浙江海宁人，崇祯十六年（1643）进士，授福建仙游县令，明亡，弃官回乡，隐居不仕。作为明末遗民，他所作《韵史》，止于宋末，不叙元、明，而对宋朝叙说极详，几乎占了全书三分之一。很明显借宋朝内忧外患的史实影射清廷，以抒发对明亡的感慨。由于此书多处有违碍清朝的文字，一直未能刊印，仅有手抄本流传，直至咸丰年间，由朱玉岑续补了元、明两朝历史后，才出版问世。与这部书差不多同时出现的还有一部《史鉴节要》，作者鲍东里，号古村，安徽和县人，原籍歙县，生平事迹无考，仅知他未做过官，在他儿子鲍源深考中进士之前，便已去世。这部书是其遗著，由鲍源深于同治七年（1868）为之刊行。鲍源深（？~1884），道光二十七年（1847）进士，著名书法家、诗人。历任翰林院编修、吏部侍郎、山西巡抚等官。这部《史鉴节要》叙述详尽，但过于繁冗，并不适宜作启蒙读物。比如该书述春秋、战国的一节，开始称："事至繁芜，不能尽载，欲知大凡，略记梗概。"结果这一节便记述了三百八十句。还有唐、宋两朝均记述在三百句以上。复杂得很，不仅是儿童，即使是成年人，读了之后，也很难记其梗概。

以上两书，均因成书较晚且有内容冗长之弊，其社会影响、印刷流通范围终不能与《四字鉴略》比肩。在清末同治、光绪时期，童蒙所读的史鉴，几乎是《四字鉴略》的一统天下了。鲁迅先生曾写过一篇散文《五猖会》，文中详叙了他在童年时背诵《四字鉴略》的情形。光绪十三年（1887），绍兴县城东关有个盛大的庙会——五猖会。母亲准备带他去赶会，庙会离县城有六十多里，要雇船走水路前往，这对年方七岁的鲁迅，自然是件十分兴奋的事。一大早，他便跳着，笑着，看工人将准备在路上吃的饭菜、茶具、点心盒子等往船上搬。忽然父亲站在他背后说："去拿你的书来。"所谓书，就是《四字鉴略》，因为鲁迅开蒙时，只有这一本书，没有别的书了。父亲让他坐在堂屋里，一句一句教他读二三十行后，又说："给我读熟，背不出来，就不准去看会。"父亲说完便走了。只有鲁迅一人坐在堂屋里，高声地诵读："粤自盘古，生于太荒，首出御世，肇开混茫……"虽然能读出声来，却一字不懂是什么意思。脑子里仿佛要生出一些铁钳来，把这些句子牢牢夹住。母亲等人都在外边默默静候着他读熟。直到太阳升得老高，鲁迅觉得有了把握，便拿书走进父亲书房，一口气背了下来。"不错，去罢。"鲁迅如遇大赦一般走了出来。在母亲、工人、保姆等欢呼下，上船出发了。但鲁迅却没有他们那么高兴，开船后，一路上的山水风光，盒子里的点心，五猖庙会上的热闹，都觉得没什么意思了。

鲁迅先生这篇文章是抨击旧时启蒙教育只让学生死记硬背、不加任何解说的教学方法。但从这篇文章的侧面看，也证明了当时《四字鉴略》的普及状况。这本书是鲁迅在开蒙时唯一的读物。

（四）

任何著述，都不免会打上所处时代的烙印。本书作者生活于清初，封建社会的道德伦理和儒家思想必然要流露于其著作中。对历史的认知和对人物的评价，难免会产生一些不当之处。但为了保持原著的真实面貌，对其四字韵语一律不加改动，不妥之处则于注释和解说中加以说明。对原书中史实叙说未尽之处，也作了适当补充。

对于韵文中不易理解的古汉语单字和词语，则酌情加以注释。涉及的历史事件及人物生卒年，也加注了公历，以加深现代人对历史的理解。同时注释部分则采用了分条注释，并加了注释序号，以求达到层次分明、便于阅读的效果。

由于本书在历史上是一部极为畅销的启蒙读物，坊间各种版本甚多，鲁鱼亥豕在所难免，这次修订，对照了数种版本，经过认真核校，改正了一些坊刊本的讹误，并增加了王仕云的原序。在其原序中却发现了一件有趣的怪事，在不同的版本中却有一处人名不同之处，原文是"不谓传之坊客，张子焕之力请以梓"，而另一版本则更换为"……郑子元美力请以梓"，显然是书商为了传播名声，标榜自己的刊本才是正宗。为扩大销路，而作了窜改。由于年代久远，无法确考先后，只好选用其一，也无关大局。

二十多年前，我曾校注过一本古籍，在前言结尾处，依流行惯例，写了一句谦词："缺点错误在所难免，欢迎读者不吝指正。"此书出版后，邮寄给我所尊敬的前辈学者、上海师范大学教授施蛰存先生一册。不日，他回信批评我，对上述词句极为反感，对我说："既然认为有缺点错误，为什么还要出版呢?"谆谆教导我，对于著述必须认真，绝不可马虎。此后，当我每出一部书时，总是战战兢兢，如履薄冰，不敢有丝毫大意。在注解这部《四字鉴略》的过程中，我搜寻了几种不同版本，并核校了本书引用和涉及的多种图书，最后方得定稿。虽然我不敢说就是尽善尽美的了，但我觉得在由清至今三百多年来众多不同版本之中，这一部应当是最可靠、最信赖的一个版本。将此书献给广大读者，我是问心无愧的。

张万钧
2016年10月

目 录

《鉴略四字书》序 …………………………………………… 1

四字鉴略 …………………………………………………… 4

附录 ………………………………………………………… 186
历代国号歌 ………………………………………………… 186
历代帝王歌 ………………………………………………… 187
历代群英歌 ………………………………………………… 192

《鉴略四字书》序

童蒙之养,圣功存焉①。然孩孺之年,遽期以成人之道②,则戛戛乎难之③。古者八岁入小学,十五岁始入大学,固有次而教,亦自有其方。今之授句读者④,类以千字为发蒙之端⑤。昔梁武好右军书法,集右军手迹,命散骑常侍周兴嗣检千字错综成章,百世而后称为令编⑥。然于古今帝王事不甚概括⑦。余被逮西曹⑧日坐银铛汤火中⑨,与甲士十余人嗷嘈杂沓⑩,口占古史,集为四字,或取诸古本,或发自心裁,靰鞰缭转⑪,悠悠相接,以消永昼耳⑫。好事者录而成书。归来偶理残文败字,长儿部曰⑬:"此可为幼弟辈作句读。"不谓传之坊客⑭,张子焕之力请以梓⑮。昔人云杜诗可作史⑯,余也著史可作诗,被管弦而谐音律,非敢与昔人竞焕⑰,存之艺圃,或亦纪一时感慨之兴云。

康熙五年岁次丙午长至⑱吉旦

江南过客王仕云撰

[注释]

①圣功:圣,本义为圣人,此处指孔子;功,功德,事业。《易经·蒙》:"蒙以养正,圣功也。"意思是教育童蒙,引导他走上正道,是

进行孔圣人至高无上事业的功德。

②遽期：匆忙地希望。

③戛戛（jiá jiá）：形容困难。（宋）朱熹《晦庵集》："为学之道，戛戛乎难哉。"

④句读：文章中应停顿和休止的地方，即句和逗。古书无标点，故儿童启蒙都是从熟悉句读开始。韩愈《师说》："彼童子之师，授之书而习其句读者。"

⑤千字：即《千字文》。南北朝时梁武帝喜爱王羲之的书法，便让大臣周兴嗣从王羲之的手迹中挑选出一千个不重复的字，编成四字一句的韵文，便于诵读。后人便利用这《千字文》作为教儿童识字的课本。《千字文》是我国最早盛行的启蒙读物。

⑥令编：完善、美好。后人对《千字文》作为启蒙读物的赞语。

⑦帝王事：指历史上朝代兴衰更替，帝王事迹。《千字文》未能叙述出来。

⑧西曹：刑部的别称。曹，官署。明朝刑部在长安街以西，故称西曹。《日下旧闻考》卷六十三《外翰林》条称：嘉靖时诗坛领袖李攀龙、王世贞等同官西曹，筑白云楼，相聚论诗，时人一时目刑部为外翰林。

⑨银铛：刑具名。系囚犯的铁锁链。（宋）史炤《通鉴释文》："锁，银铛也。"（宋）胡三省《太平治迹统类》载宋与西夏之战："继隆入夏州，擒保忠，系以银铛，锁之槛车，送阙下。"郑樵《通志》亦作"银铛"。然也有质疑者，以为"银铛"系"银铛"笔误而导致的讹传。汤火：热水与烈火，喻可致人死伤的危险境地。

⑩甲士：看守囚犯的武装兵士。嗷嘈：犯人嘈杂的哀号声。

⑪靰羁（jī jī）：本义为马嚼子和笼头。比喻被人系累失去自由。本句指被拘押囚禁，官司缠绕。"靰羁"一词出自屈原《离骚》。

⑫永昼：漫长的白天。本句意为在漫长无聊的囚禁日子里，作成是编，用以消磨时间罢了。

⑬部：安排、布置。

⑭坊客：书坊老板。坊：作坊，小手工业的工作场所。古时书店前面设店卖书，后院设刻书工场，印刷与出售合一，故称为书坊。

⑮梓：乔木名，多生于南方。木质轻软耐朽，适合雕版印刷，故称刻印书籍为"付梓"。北方印书雕版多用梨木或枣木，故又可称之为"付之梨枣"。

⑯杜诗：指杜甫的诗作。安史之乱，杜甫流离陇蜀，所作诗篇，深刻反映了当时社会状况和人民的灾难疾苦，故被人称之为"诗史"。

⑰竞焕：比美、争胜。焕，光彩、光芒。

⑱长至：即日长至，夏至的别称。这一天，白天最长，夜间最短，故名。

四字鉴略

粤自盘古①　　生于大荒②

首出御世③　　肇开混茫④

[注释]

①粤：语气助词，无义，用于句首。

②大荒：《山海经》："有山曰大荒，日月所入。"后人用以泛指辽阔原野或边远地方，此处指太古混沌初开之世。一作"太荒"。

③御世：御，治理，统治；世，世界，人世。

④肇：开始。

⑤混茫：一作混芒。指世界初形成时，不分昼夜，万物搀混在一起的蒙昧状态。

[讲解]

人类是如何形成的？我国历史从什么时候开始？我国古代神话传说讲：我们的祖先名叫盘古。在很古很古的时候，天地混沌，好像一个鸡蛋。天如蛋白、地如蛋黄，后来轻清的气上浮为天，重浊的气下凝为地，盘古就生在这天地之间。他一手拿斧，一手拿凿，或用斧劈，或用凿砍，把连在一起的天地分开，天日高一丈，地日厚一丈，盘古日长一丈，渐渐地天越升越高，地越沉越厚，于是结束了天地混沌的状态。又有传说讲：盘古死了以后，他的身体毛发变成山岳草木，血液流成江河，于是一切万物都从这里生长出来。

天皇氏兴　　澹泊而治①

先作干支　　岁时爰记②

[注释]

①澹泊：一作淡泊。不追求名利地位和享受。形容人的品行高尚。语出《淮南子》。诸葛亮《诫子书》云："非澹泊无以明志，非宁静无以致远。"

②爰：于是。

[讲解]

古代传说盘古开天辟地以后，中国经历了三皇五帝的统治，历史学家认为：三皇五帝是上古时代部落的首领或部落联盟的首领。至于三皇五帝具体是什么人，古书上说法不一，多达六七种。有以伏羲、神农、黄帝为三皇，也有以伏羲、神农、燧人为三皇，有以天皇、地皇、人皇为三皇等。其实他们生前并没有什么帝王称号，由于他们对社会发展的巨大贡献，而被后人尊称为帝为王。本书首先讲了天皇、地皇、人皇。《易经》称：阴阳立天之道，刚柔立地之道，仁义立人之道，天地人合称为三才，是万物之本源。因之后人便将远古时事迹渺茫不可考的部落首领定名为"天皇、地皇、人皇"。本书中讲的三皇事迹，是根据唐朝司马贞著的《三皇本纪》写成。实际上其他被列为三皇五帝的人物，也都讲到过这些事。

传说天皇氏治理国家并不靠建立自己的权力和地位来统治百姓，而是过着和百姓平等的俭朴生活，他不站在百姓头上发号施令，百姓自然受他感化而服从他的领导。这正是原始社会中部落首领的典型模式。传说天皇氏创造了干支纪年的方法，使一年四季才开始有了明确的纪年，并不可靠，在古籍中，还有在伏羲、黄帝事迹中也有这些记载。

地皇氏绍① 　　乃定三辰
人皇区方 　　有巢燧人②

[注释]

①绍：继承，接续。

②有巢、燧人：是早于伏羲氏的古代部落名和其首领的统称。据近代考古学考证，有巢氏部落活动于十五万年之前，人类用火虽已有数十万年的历史，不过用的是雷电击中森林产生的自然火，后来人类掌握了钻木取火和击石生火的方法，才有燧人之号，其活动约在十五万年前至五万年前的旧石器时代。

[讲解]

地皇接替天皇管理百姓，观察了日、月、星三种星辰的变化和出入规律，制定了三十天为一个月的历法，把一年划分为十二个月。人皇氏传说共兄弟九人，把天下分为九个区域，各自居于一方管理百姓。这种分居为以后诸侯分封制度开了先河。此外还有个有巢氏，他模仿鸟巢的建筑方法，在大树上搭建房屋居住，使人类从穴居生活中走了出来，并学会了使用木料为梁柱，为以后进一步移居地上造屋打下基础。燧人氏发明了钻木取火的方法，使人类告别了茹毛饮血的时代，开始吃熟食，这是一个划时代的进步。

太昊伏羲① 　生于成纪
时河出图 　　用造书契
八卦始画② 　婚娶以正

[注释]

①伏羲：古史传说中的帝王，姓风氏，出生于成纪（今甘肃秦安北），建都宛丘（今河南淮阳）。又被称为宓羲、包牺、庖牺、伏戏，尊称为羲皇、牺皇、皇羲等。又被推崇像日月一样圣明，故又称太昊。

②八卦：即乾、坎、艮、震、巽、离、坤、兑。现将其符号及记忆口诀述之如下：☰乾三连，☷坤六断，☲离中虚，☵坎中满，☳震仰盂，☶艮覆盌，☱兑上缺，☴巽下断。

[讲解]

伏羲时代，传说有龙马背负着图画从黄河中出来，伏羲看到图画的纹路，很有感触，便坐于高台上静思，画出了八卦符号，被推为文字的始祖。他又命令他的臣子进一步观察山水万物、鸟兽足迹，创造出书契文字，代替了结绳记事。又教人结网，从事渔猎畜牧，并且规定了夫妻嫁娶的婚姻制度，从而告别了原始社会人们只知其母、不知其父的群婚时代，使社会文明有了很大进步。

炎帝神农① 　以姜为姓
树艺五谷 　　尝药辨性

[注释]

①神农：姜姓部落首领，生于姜水（即岐水，今陕西岐山县南），故

以为姓。后来向东发展，原都于陈（今河南淮阳），后迁都于曲阜（今属山东）。又因古人讲究阴阳五行，认为神农氏是靠五行中的火德而兴旺起来的，所以又称之为炎帝。

[讲解]

　　神农氏继伏羲之后，成为中国部落联盟的首领。由于他开始制造农具，教人种植五谷，使人们从单纯的渔猎畜牧转向农业生产，所以被人称为神农氏。当时的人常常生病，神农氏又采集百草，一一品尝，了解各种草木的药性，开出药方，治疗疾病。所以神农氏又被尊为中国医药之祖。据传说他还制造出升、斗、尺、秤等计量工具，教人贸易、交换物品，商业开始萌芽。社会文明明显地又前进一步。

轩辕黄帝[①]　　**生而圣明**

擒戮蚩尤[②]　　**神化宜民**

[注释]

　　①黄帝：姓公孙氏，居于轩辕之丘（在今河南新郑西北），故又号轩辕氏。后来居于姬水，又改姓姬，建都于有熊（今河南新郑境内），又号有熊氏。与炎帝一同被尊为中华各民族的共同祖先。

　　②蚩尤：古代九黎族部落首领。史书上对他的身份说法不一。有的说是炎帝的臣子，有的说是黄帝的臣子，有的说是天子，有的说是庶人，相同说法是他与黄帝大战，为黄帝所灭。

[讲解]

　　轩辕黄帝是一个英明有为的部落领袖。自神农氏建国以后，神农氏的子孙逐渐衰落，各诸侯部落都不再服从神农氏部落的领导。其中尤其是九黎族部落的首领蚩尤，更是凶暴，常常侵凌别的部落，无人能制。这时轩辕黄帝毅然勇当重任，联络各部落，与蚩尤大战于涿鹿（今属河北），蚩尤兵败被杀。轩辕黄帝遂被各部落推举为部落联盟的领袖，统一了中国。传说他制造舟车，发展文字、音律、医学、算数等。他的妻子嫘祖又教妇女种桑、养蚕、造丝，使人民在衣着上有了很大进步。嫘祖被后人推崇为"蚕神"，黄帝也被后人神化了。

六相分治　　律吕调平

五币九棘①　　泉货流行

[注释]

①九棘：棘，即酸枣树。相传古时用九根高低不等的棘木为柱，立于朝堂之上，群臣朝见，按职位高低就位。所以用棘木，以其内赤心，外有刺，象征忠心尽职，后遂以"九棘"作为高级官员"九卿"的代称。

[讲解]

轩辕黄帝统一中国以后，设立了六位大臣分工治理国家，被称为"六相"。六相都是什么人？在《史记》《列子》《管子》等书中，说法也不一致。同时，黄帝又命臣子伶伦定乐律，分为十二音，六阳为律、六阴为吕，依此制造乐器，开始有了正规的音乐，由此，后人便将"律吕"作为音律的统称。又定了货币制度，以珠、玉、金、刀、布五种不同的物质，来确定货币的贵贱价值。并设立九棘的官职掌管财政。用货币交易代替了以货易货的落后办法。货币如泉水般周转流通不断，所以古人又称货币为"泉"。

麟凤显瑞① 屈轶指佞②

在位百年 文明渐兴③

[注释]

①麟凤：即麒麟和凤凰，都是传说中的祥瑞之物。

②屈轶：传说中的仙草，只有太平盛世才生长出来。传说这种草善于区别好人和坏人，一遇到坏人，它的枝叶就指向坏人，因此又称指佞草。

③文明渐兴：近代考古学兴起，经过对古代遗址的发掘和研究，证明了黄帝时代距今约五千年至六千年。所以人们习惯称中华民族有五千年的文明史，由此开始。

[讲解]

从中国社会发展史来看，黄帝时期属于原始共产主义社会阶段的后期，流传于后世的历史资料也较多。所以，旧时古史学家把黄帝作为中华文明的始祖。司马迁的《史记》，也从黄帝开始叙述，把这一阶段当成太平盛世，将其作为最公平理想的社会来加以赞颂。传说黄帝统治中国一百年，社会文明不断进步，国家一天比一天兴旺。

少昊颛顼① 帝喾高辛②

[注释]

①少昊：宋胡宏《皇王大纪》谓少昊名挚，字青阳，黄帝正妃嫘祖所生之子。《史记》称之为玄嚣青阳氏。后有人质疑，认为青阳与少昊非一人。传说绵长，其事迹各书记载也不尽相同。颛顼（zhuān xū）：传

为黄帝孙,昌意子,居于高阳(今河南杞县高阳镇),因称高阳氏。

②帝喾(kù):黄帝曾孙,颛顼侄。封于高辛(今河北唐县),因称高辛氏。

[讲解]

古史上对"三皇五帝"说法不一。流行的是以伏羲、神农、黄帝为"三皇";少昊、颛顼、帝喾、尧、舜为"五帝"。少昊是东夷部落的首领,接替黄帝为诸侯部落的领袖。封邑于穷桑(今山东曲阜北),故号穷桑氏。建都于曲阜,因区别于太昊,故称少昊。颛顼是北方部落的首领,曾辅佐少昊,后来接替少昊成为部落联盟的领袖(古史称为天子)。建都于帝丘(今河南濮阳东南)。帝喾曾辅佐颛顼,后来为天子,建都于商丘,后又迁都于亳(今河南偃师)。传说他有四个妻子分别生了四个儿子,后稷是周朝祖先,契是商朝祖先,尧接替帝喾为天子。

唐尧崛起①   **嗣挚而升**

屋茅阶土   **饭簋啜铏**②

[注释]

①唐尧:传说为帝喾之子,姓伊祁,名放勋,初封于陶,后封于唐,所以号陶唐氏。

②簋(guǐ):盛食物的器皿,圆腹有足,用竹木或陶土烧制。商朝后多用青铜铸造,并加有盖和耳。铏(xíng):盛羹汤用的小鼎,多用于祭祀。

[讲解]

唐尧的兄长名挚,挚接替帝喾为天子,只知享受,醉生梦死。因饮酒无度,无法执政,在位九年后,被诸侯废去,立唐尧为嗣。唐尧一反挚的做法，吃饭穿衣都和百姓一样，生活十分俭朴，住简陋的茅屋，宫殿台阶也是堆土砌成。吃饭、祭祀用的簋和铏也都是普通陶器。

华封致祝　　蓂荚生庭①
童谣叟歌　　荡乎无名

[注释]
①蓂（míng）荚：传说中的仙草，只有圣人出现时，它才生长，被视为祥瑞之物。《竹书纪年》：唐尧时国家大治，蓂荚生于其居所阶下。

[讲解]
尧常常巡视全国，了解民间疾苦。有一次到了华地，当地的封人（地方上的办事小官）向尧祝福说：祝圣人长寿，使圣人富，使圣人多男子！这个故事被后人称为"华封三祝"，成为用于歌颂某人政绩的成语典故。尽管受到百姓赞颂，尧还不放心，走到街上听百姓议论，他听到歌颂自己政绩的童谣，又遇到一个老叟抚摩着吃得饱饱的肚皮在自由自在地玩击壤游戏，并唱道："日出而作，日入而息，凿井而饮，耕田而食，帝力何有于我哉！"尧知道百姓们安居乐业，才放下忧心，胸怀坦荡地快乐起来。于是呈现了景星出、凤凰现、嘉禾生、甘泉涌、蓂荚生等种种祥瑞。

有虞舜帝①　　克尽孝敬
象欲杀兄　　帝愈恭顺

[注释]
①虞舜：姓姚，名重华，号有虞氏。年轻时耕田于历山（今山东济

南郊外),受尧禅让,都于蒲坂(今山西永济)。舜是他的谥号,故史称为虞舜。

[讲解]

  虞舜是一个十分孝顺的人。他的母亲去世了,父亲瞽叟又娶了一个妻子,生了一个儿子名叫象。尽管舜对父亲、后母十分孝顺,对兄弟十分友爱,但他们却把舜视为眼中钉,想害死舜。有一次瞽叟让舜上到仓房顶上修补屋漏,舜上了房顶,瞽叟却撤去梯子,在下面放火想把舜烧死。舜只得靠手中两个斗笠,从高处扑下,得以求生;瞽叟还不死心,又让舜去淘井,舜下井后,瞽叟和象从井口往下填土和石块,把井填住,以为将舜埋在下边了,十分高兴。谁知这井年代久远,井壁被水淘空,有个很大的裂缝,舜从空隙中逃了出来。虽然如此,舜并不埋怨父母和兄弟,而对他们更加恭谨孝顺和友爱。舜的名声大起来,百姓对他十分尊敬友爱,很愿与舜为邻居。舜搬家到一个新地方,百姓也跟着搬来,两年便成为一个城镇,三年便成为一个大城市。唐尧想找个接班人,四方群臣都一致推荐了舜这个人才。

登庸受禅^①　　**陈鼓设旌**

能进元恺　　**殛诛四凶**

[注释]

  ①登庸:指皇帝即位。汉扬雄《剧秦美新》:"龙兴登庸,钦明尚古,作民父母,为天下主。"

[讲解]

  舜接替了尧的天子之位,决心为百姓办些好事。他号召百姓多提意见,要敢于直言舜的过错和不足。他在官门外树立了一个木柱,名叫

"诽谤之木"，欢迎百姓将一切批评建议都写到木柱上来，以帮助自己改正缺点。他还怕百姓不知道有这个木柱，便在木柱旁边遍布彩旗，又设立鼓架，擂鼓吸引百姓前来。

舜又积极选拔人才，帮助自己治理国家。高辛氏部落有八个才子，号称"八元"，高阳氏部落有八个才子，号称"八恺"，都非常有名声，舜便把他们召来，委以重任。又有驩兜、共工、三苗和鲧四个大恶人，被人合称为"四凶"，舜便将他们或放逐到边远之地，或加以处死，因而四方安定，百姓受益。

敬命九官① 　　欣歌南风
迨南巡狩② 　　苍梧考崩③

[注释]

①九官：指任命了司徒、司空等九个分工负责的高级官员。详见《尚书·舜典》。

②迨（dài）：等到。

③考崩：享高寿而死，曰考终，帝王则称为"崩"。

[讲解]

虞舜设立了九个职能部门，任命禹、契、皋陶等九位人才，分别担任九个部门的长官，分工管理刑法、农业、水利、典礼等，把国家治理得非常有条理。舜看到国家太平，百姓安居乐业，十分高兴，便自造了一把五弦琴，又创作了一首《南风》的歌曲，他弹着琴，唱着歌，十分快活。歌词大意是："南风啊，和暖地吹吧，可以解除我们百姓的忧怨啊！南风啊，及时地吹吧，可以增加我们百姓的财富啊！"

后来舜出去巡视四方，病故于苍梧，葬于苍梧山（又名九嶷山，在今湖南宁远南）。这山上特产一种紫竹，竹身有紫色或黑色斑点，所以又称斑竹，或称湘妃竹。传说舜死后，他的两个妃子娥皇、女英思念他，泪滴到竹上成斑，因此得名。

夏禹俭勤①　　绩昭治水
嗣舜登位　　建寅绝旨②

[注释]

①夏禹：又称禹、大禹、戎禹。姒姓，名文命，原夏后氏部落的首领。他是鲧的儿子。因治水有大功，受舜禅位，都阳城（今河南登封告成镇）。

②旨：旨酒，即美酒。

[讲解]

夏禹是个俭朴勤劳的人。当时洪水泛滥成灾，舜命令他去治理，禹率领百姓，疏通江河，兴修沟渠，整整治理了十三年，三次从自己家门前经过，都没回家看看。因为他治水有功，被舜定为接班人。舜去世后，禹接任了天子之位。他制定了新的历法，也就是农历。由于这历法是夏禹所创，故后人又称之为夏历。夏历以寅月为一岁之首，也就是正月，所以后人又把建寅作为正月的代词。

夏禹非常讨厌美酒。当时有个叫仪狄的人，擅长酿造旨酒（美酒），他把造出的酒献给夏禹。禹尝了以后，叹息说："后世必有好酒而亡国的人啊！"于是便疏远了仪狄，把他放逐到海边去了。孟子说："禹恶旨酒，而好善言。"

铸鼎象物　　拜善泣囚

一馈十起①　典则贻后②

[注释]

①馈（kuì）：有赠送、食品、祭礼、吃饭等义。此处作吃饭解。

②贻（yí）：遗留。《尚书·夏书·五子之歌》："有典有则，贻厥子孙。"

[讲解]

夏禹即位以后，重新划定国家疆域。上古时，中国原分九州，舜分为十二州。禹又重新划定，仍为九州，又搜集天下美铜，铸造了九只铜鼎，以象征九州国土。

他非常爱听有益于国家和百姓的建议，人们有好的建议，他必然要下拜表示感谢。有一次他坐车出巡，看见士兵押着一个犯人走过，便下车询问这人犯了什么罪。听了犯人讲述，禹不由伤心地哭起来。随从说："这人犯法，罪有应得，何必为他哭泣呢？"禹说："以前尧、舜当天子时，对百姓教化得好，百姓的心和尧、舜的心一样善良，没有人犯罪；可是我当天子，却不能用我的心去感化百姓，而使他们犯罪，所以我才痛心哭泣。"

禹为国家和百姓操心办事，有时候吃一顿饭要停下来十次，放下饭碗去处理急事。他处理事务，很讲究原则，制定了不少典章制度，古书上说他举起左手办事，一切都合乎准绳；举起右手办事，一切处理得中规中矩。并且他把这种典章制度传给了后人。

启能敬承①　　徂征有扈②

[注释]

①启：禹之子。他继禹为王，从此改变了上古的禅让制度，演变成了父传子的家天下制度，建立了我国历史上第一个奴隶制度的王朝——夏朝。

②徂（cú）：往，去。徂征，出兵征伐。

[讲解]

夏禹南巡，到了会稽山（今浙江绍兴郊外），召开了诸侯大会，后来禹有病，死后就葬在这座山上。古书记载，禹曾选伯益为他的继承人，可是后来禹的儿子启却取得王位。历史上有两种不同的说法，一是说伯益把王位让给了启，另一说法是启与伯益争王，杀掉伯益，夺得王位。启不失是一个有才干的人，他继承了禹的事业，有效地治理了国家。有一个部落有扈氏（今陕西户县一带）不服，启率六卿征伐，灭之。

太康尸位①　　荒逸灭度

后羿畔距②　　仲康承祚

[注释]

①尸位：空占着职位而不做事。例如成语"尸位素餐"。素餐，白吃饭。《汉书·朱云传》里说：朝廷大臣上不能匡主，下不能益民，都是"尸位素餐"。

②后羿：亦称羿。夏朝臣子，有穷氏部落首领。善射。古代神话中传

说天上曾同时出现十个太阳，被后羿射落九个，留下一个。还有一个神话，说是后羿得到一种不死药，被他的妻子姮（héng）娥偷吃了。姮娥遂飞向月宫。后因避汉文帝讳，改称嫦娥而流传下来。

[讲解]

启的儿子太康继承王位以后，荒嬉无度，不管国事，将国都迁到斟鄩，沉溺于打猎游玩。后来他的大臣后羿，趁太康到洛水打猎的机会，发动政变，拒绝太康回国，另立太康的兄弟仲康为王。史家称此事件为"太康失国"。太康往东流亡，直至老死，现河南太康县即其遗迹。太康的五个兄弟奉母亲到洛汭（伊洛河入黄河口处）盼望太康归来。作《五子之歌》，叙说夏禹功绩来规劝太康。

羿逐帝相　　卒为浞弑
浞复弑相　　王后奔仍①

[注释]

①仍：即有仍，古部落名，在今山东济宁一带。

[讲解]

仲康当了夏朝国王以后，感谢后羿拥戴之功，便任命后羿为相，授以大权。后来仲康去世，他的儿子帝相继位，后羿便将帝相赶下台，自己篡夏为王，以自己的亲信寒浞（zhuó）为相。谁知这个寒浞是个大阴谋家，他以献媚骗取后羿的信任，担任相国以后，权力日增，又趁机将后羿杀死，代夏称王。同时，他也没忘掉帝相这个夏朝下台的合法国王，便又派人去杀掉帝相。这时，帝相的妻子正在怀孕，脱险逃回自己娘家有仍部落。

生子少康　　灭浞中兴

[讲解]

帝相的妻子逃回有仍部落，在那里生下帝相的遗腹子少康。少康长大以后，在有仍部落里担任牧正，后来又到有虞部落（今山西南部一带），有虞部落首领把女儿嫁给了少康，而将纶地（今山西荣河）给少康居住，少康在这里召集夏朝逃亡出来的官员和百姓，在仲康的旧臣伯靡的支持下，联络斟郭氏、斟灌氏等部落的夏族遗民，起兵攻打寒浞。灭掉寒浞，少康遂回旧都即位，恢复了被后羿、寒浞篡夺了四十年的夏朝。史书上称之为"少康中兴"。

迨帝孔甲　　淫乱豢龙①

[注释]

①豢（huàn）：饲养牲畜。"孔甲豢龙"的故事见于《左传·昭公二十九年》。

[讲解]

少康以后，夏朝又传了七个帝王，多次迁都，史书上对他们事迹记载很少。在这之后的国王是孔甲，孔甲生活奢侈、淫乱腐败。有个神话传说，说的是一个叫刘累的人，会养龙。这时天上降下两条龙来，孔甲便让刘累把龙养起来，后来一条龙死了，刘累把龙肉做成肉酱，献给孔甲吃，孔甲吃了，大加赞赏，便让刘累再去找几条龙来吃。刘累无法找到龙，怕孔甲治罪被处死，便逃到鲁山（今属河南）中躲起来。由于孔甲昏庸残暴，国内各部落诸侯逐渐叛离了他，夏朝便开始走向衰落。

传至履癸①　　尤为无道

成汤伐暴②　　放于南巢

[注释]

①履癸：孔甲的曾孙，夏朝最后一个帝王，谥号桀，故又称他为夏桀。

②成汤：商族部落的首领，契的后代，契因佐禹治水有功，封于商（今陕西商洛），赐姓子，传十四世至汤，名履。又称为商汤、武汤、武王、天乙等，灭夏建立商朝，建都于亳。

[讲解]

夏朝传到最后一个国王，名叫履癸。他是一个残暴的国君，他宠爱一个女人妹喜，为她造了琼宫瑶台，淫乐其中。又造酒池肉林，酒池中能行船，酒糟筑成的堤长十里。又将干肉挂于树上成肉林，又召集三千人，一声鼓响，三千人跳入酒池牛饮，任意摘树上肉吃，以供妹喜嬉笑观赏为乐。大臣关龙逢向履癸进谏，履癸大怒，将龙逢处死。后来成汤联合了各部落诸侯，出兵灭夏，将履癸擒获，把他放逐到南巢（今安徽巢湖东北），三年后病死，谥号"桀"。"桀"是凶暴的意思，是一个恶谥，因而史书上一般都称他为夏桀。

有夏之世　　更十七王

历四百年　　至桀而亡

[讲解]

按照《史记·夏本纪》载，夏朝共历十七个帝王，依次为：禹—启

—太康—仲康—帝相—少康—杼—槐—芒—泄—不降—扃—廑—孔甲—皋—发—履癸。十七帝共统治了四百七十余年,其时代约在公元前 21 世纪至公元前 16 世纪之间。

猗欤商汤① 解网三面
用宽代虐 刑儆风愆②

[注释]

①猗欤:对汤的赞美词。猗,美盛貌。欤,语气助词。

②风愆:用教育的方式去感化那些有罪过的人。风,教化。愆,罪愆、罪过。

[讲解]

成汤是一个仁慈的君主,有一次他到郊外去,看到猎人们四面张网围捕野兽,他就让拆掉三面的网,让被围的野兽大部分逃走了。诸侯们听到后说:"汤真是个仁德的君主,连野兽都受到他的恩惠了,何况是人呢?"成汤就是用这种宽厚的办法,来代替夏桀的暴虐统治,从而得到诸侯的拥戴。但是成汤并不是一味宽大。他又制定了官刑,警戒那些有官位的人,使他们恪尽职守去办事,减少过错。

铭盘惕己 铸金救黔①
大旱躬祷 六事格天②

[注释]

①黔:即黔首,指平民百姓。黔本义为黑色。因平民用黑巾裹头,故

称平民为黔首。

②格：感动。成汤以六事自责，因而感动了上天。

[讲解]

成汤为了加强自身修养，警惕自己，写了很多座右铭，刻在身边常用的器物上。现在这些器物大都遗失，铭文也没传下来。只有一只平常洗浴用的铜盘传于后世，盘上的铭文记载见《礼记》一书。铭文说："苟日新，日日新，又日新。"以此来要求自己一天要比一天有新的进步。后来国内遇到连年大旱，百姓流离失所，卖儿卖女。成汤得知，心中不忍，便将在庄山开采出来的金矿铸为金钱，发给百姓，让他们用这些钱赎回卖出的子女。传说成汤又剪去自己的头发和指甲，在桑林地方祈祷上天降雨，并以为自己有六件事没办好，而加以自责，要求上天降罪给自己，而不要用旱灾惩罚百姓。结果竟真的下起大雨，解除了旱情。

元孙太甲　　颠覆典刑

放桐自艾①　　归亳称明

[注释]

①放桐自艾：桐，指桐宫，太甲流放地，《史记》称在河南偃师县。艾，本义为刈草，比喻除掉错误。《孟子·万章》："太甲悔过，自怨自艾。"

[讲解]

成汤用伊尹为相治理国家，立太丁为太子，可是太丁很早便夭亡了。后来成汤去世。伊尹立成汤的次子外丙为王，仅两年，外丙又去世。伊尹又立外丙之弟仲壬为王，四年以后仲壬又死。伊尹便拥立太丁的儿子太甲为王。太甲是成汤的嫡孙，但品行远不如成汤，即位以后，残暴不仁，又不遵守成汤定下的法制，难当一国之主的重任。于是伊尹又把他放逐到桐宫，太甲在桐宫思过三年，终于改过从善，于是伊尹又把他迎了回来，恢复了王位，从此太甲变得英明有为。

太戊修德　　祥桑枯殒①
祖乙盘庚　　继世贤君

[注释]

①祥桑："祥"字，在古汉语中，既可指吉，也可指凶。《左传·昭公十八年》："将有大祥，民震动，国几亡。"

[讲解]

太甲去世后，其儿子沃丁为王。沃丁去世，沃丁的兄弟太庚接替了王位，以后太庚的三个儿子小甲、雍己、太戊相继为王。在雍己为王的时候，商朝威望已有所下降，诸侯部落常常不来朝见。到太戊为王时，朝堂上突然生出一棵祥桑来，这棵树其实是两棵树，一棵桑树，一棵楮树，两棵树却合到一起生长起来，被认为是一种不正常的妖异，所以叫做祥桑。"祥"字并不仅表示吉祥，在古书里它还含有妖怪、凶兆的意思。太戊见了十分忧虑，便征求大臣们的意见。这时伊尹的儿子伊陟为相，他劝太戊要加强修德，多做好事，把凶兆压下去。太戊听从了他的话，办了不少利国利民的好事，于是那棵妖桑便枯死了。这当然是一种迷信传说，实际上是太戊采纳了伊陟的意见，改革政治弊端，才使商朝得以恢复强盛，太戊亦被称为中兴之君。

太戊的曾孙祖乙，祖乙的孙子盘庚，也被称为有作为的贤能君王。盘庚将商都迁到殷（今河南安阳西北），改国号为殷。所以史书上将商朝又称为殷商。现代史学家将盘庚以前的商朝称之为商前期，盘庚以后的商朝称之为商后期。

传至武丁　　恭默思道
卜相得说①　鼎耳雊雉②
反己修德　　商道中兴

[注释]

①说：即傅说，本无姓，因在傅岩地方服劳役，故称为傅说。商代名相。先秦古籍《庄子》《韩非子》《吕氏春秋》等书均记载有其事迹。

②雊雉（gòu）：雊，雉的鸣叫声，与"雊"通。《尚书》：有飞雉升鼎耳而雊。又鸲（qú）为鸟名，即八哥，与本文"雊"音义不同。

[讲解]

盘庚之后，他的兄弟小辛和小乙相继承袭为君，但没什么作为，国势又衰落下来。到了小乙的儿子武丁继位，才又有了起色。武丁表面上沉默寡言，但是头脑清晰，思考问题深刻。据说他自幼生活于民间，深知奴隶们的痛苦生活。他发现了一个奴隶名叫傅说，是个人才，便不拘一格地把傅说提拔起来，后来又用他为相。有一次他去太庙祭祀成汤，突然飞来一只野雉，落在祭祀用的铜鼎耳朵之上鸣叫。武丁认为是灾异的征兆，心怀疑惧。大臣告诉他，应修德勤政，自然能逢凶化吉。武丁于是便认真反省自己，努力为国为民办了不少好事。鬼方部落的首领残暴无道，武丁出兵将其伐灭，受到诸侯的称赞。许多偏远荒僻的国家仰慕武丁的恩德，千里迢迢前来朝拜。殷朝于是又兴盛起来。

数传至纣①　　暴与桀增

宠溺妲己　　酒池肉林

诛忠囚善　　炮烙严刑

[注释]

①纣：名帝辛。"纣"是对残暴不仁的人的一种恶谥。后人称他为殷纣王。

[讲解]

武丁以后，殷又传了八个君王，最后一个就是纣王。他的残暴程度超过了夏桀。纣王宠爱一个叫妲己的女人，为她造了一座豪华的宫殿，名叫鹿台，周围有三里之大，花了七年时间才建成，又在全国搜集珍宝财物，充实于鹿台之内。又造了酒池肉林，与亲信侍臣作长夜之饮。纣的叔父比干劝谏纣王，被剖腹剜心。太师箕子也因劝谏而被纣王终身囚禁。九侯、鄂侯被纣王处死以后，还被剁为肉酱，做熟来吃。妲己还让纣王造了一种十分毒辣的"炮烙之刑"。这种酷刑，就是在地下挖一大坑，坑中生起炭火，又将一个铜柱涂上油膏，架到火坑之上，让犯人从铜柱上走过。这铜柱又烫又滑，犯人很快便跌下火坑，被活活烧死。而纣王和妲己坐在一旁，观看犯人垂死挣扎的情况以取乐。这样残暴无道，使诸侯渐渐离心，纷纷叛变，最终使纣王走向了灭亡。

历年六百　　二十八君

天命既改①　　商祚告终

[注释]

①天命：古代迷信，以为人世一切事物，都由天神主宰。朝代的兴亡更替，都是上天所决定，称之为"天命"。

[讲解]

商朝从成汤建国到纣王亡国，共历六百余年，约为公元前16世纪至公元前11世纪。共传十七代三十一王，其中成汤太子太丁在成汤尚在世时已早死，并未即位，所以实应为三十王。即成汤—（太丁）—外丙—仲壬—太甲—沃丁—太庚—小甲—雍己—太戊—仲丁—外壬—河亶甲—祖乙—祖辛—沃甲—祖丁—南庚—阳甲—盘庚—小辛—小乙—武丁—祖庚—祖甲—廪辛—康丁—武乙—文丁—帝乙—帝辛。以上商朝世系见于《史记·殷本纪》。今《辞海》及现代人所著古史，均从此说。

本书原文系根据明清之际流行的一部《袁了凡纲鉴》改编，该书疑外丙、仲壬并未即位。故称之为"二十八君"。

维周文王①　　生有圣德

问安视膳　　孝道允克②

[注释]

①周文王：姓姬名昌，殷商末周族首领，纣王时为西伯，为当时诸侯中最强大者。其子武王灭殷，建立周朝，追谥其为文王。

②允克：允，的确，能够；克，达到。本句是对文王能克尽孝道的赞语。

[讲解]

　　周文王是虞舜时后稷的后代，初封于邰（今陕西乾县），后迁于岐山（今属陕西），故其国又称岐周。史书上认为文王道德修养十分高尚，能敬老慈幼、礼贤下士，所以很多人才都投奔于他。传说他是一个大孝子，对父母十分孝顺。他年轻时，每天早中晚三次都要到父母那里问安、侍候父母吃饭，从来没有间断。父母有什么要求，他总要尽量快捷地给予解决，所以他孝顺的名声远近传播，受到社会舆论的称赞。

出猎得师　　演易垂则

[讲解]

　　文王礼贤下士，求贤若渴。有一个很有学问的老人，姓姜名尚字子牙，他的祖先曾辅佐夏禹治水，后来被封于吕地，所以又称为"吕尚"。这个姜尚隐居在渭水旁边钓鱼（今陕西宝鸡附近）。文王听到他的名声，以打猎为名，到渭水边上去寻找。果然找到姜尚，与他交谈以后，十分高兴，便把姜尚迎接回来，以师礼对待，号称为"尚父"。后来姜尚辅佐文王的儿子武王灭殷，建立了周朝。

　　文王去朝见纣王，因见九侯、鄂侯被纣王处死，十分惋惜，背地里叹息一番，被人向纣王告密，于是纣王便将文王囚禁到羑（yǒu）里（今河南汤阴北）。文王在被囚禁的日子里，便研究演习易卦。自从伏羲画八卦以后，在夏商之时，便有人用它作占卜之用。文王将八卦两两相加，演为六十四卦，并为每个卦写下了辞。卦辞流传下来，成为儒家经典之一，被定名为《易经》，又因为其卦辞传说为周文王所作，因而又称之为《周易》。《周易》是我国十分古老的文化典籍，是古代学术领域中的不朽名著。

虞芮质成①　　归四十国②
三分有二　　终守臣节

[注释]

①质成：质，盟约；成，完成。指完成了友好和解的盟约。

②国：上古夏、商时期，受国王封赐给的城邑，或部落聚居的地域均可称国。四十余国，即四十余个城邑或部落。

[讲解]

虞国和芮（ruì）国是殷商时的两个小国（在今山西南部），因为互相争夺田地，引起纠纷，长期难以解决，后来两国国君商定说："西伯是个讲仁义、办事公正的人，我们可以请他来裁决。"于是一同到岐山去拜见周文王。进入周境，只见百姓们十分讲究礼仪，对年长的人十分尊敬，农民在划定田界时，总是互相谦让，从不相争。两国国君十分惭愧，说："我们所争的东西，正是周人所不齿的。相比之下，我们实在是小人啊！如果到君子的堂上去争论这些，岂不是被人笑话，自取其辱吗？"于是中途回国，并互相谦让，解决了多年争田不休的矛盾。诸侯们听到这件事，都十分感动，那些因纣王无道而叛离了殷商的，都转向拥护西伯为领袖，一时之间便多达四十余国。虽然后来全国有三分之二的诸侯都拥护文王为领袖，但文王仍然恪守臣节，十分恭敬地服从纣王的命令。

武王观兵①　　白鱼入舟

孟津既会　　胜殷遏刘②

[注释]

①武王：即姬发，文王次子。文王长子伯邑考被纣王所杀。故文王去世后，由姬发继为西伯，后灭殷建立周朝。根据近年公布的国家重点工程《夏商周年表》，周灭商建国于公元前1046年。

②刘：克，征服。《逸周书》："则咸刘商王纣，执矢恶臣百人。"

[讲解]

武王继承了文王的事业，应诸侯的要求，讨伐无道昏君殷纣王。在孟津（今属河南）乘舟渡黄河。船驶入中流，有一条很大的白鱼，从河中跳到武王所坐的船上。侍臣解释说：鱼是介鳞之物，是刀兵战争之相；白色是殷商所尊崇的色调，为其国家旗帜的主色，所以白鱼跳入舟中，是殷国归于周的预兆。于是武王便将这条鱼作为祭品祭祀天地。诸侯和各部落首领听到武王渡河伐殷的消息，都带兵来会，多达八百家。

武王渡过黄河，与诸侯的军队会合，以姜尚为军队的总指挥，进军到殷国都城朝歌附近的牧野（今河南淇县西南）。殷纣王也发兵七十万前来迎敌，两军决战于牧野。由于纣王的残暴统治，被编入军队的奴隶都不愿为纣王效忠，纷纷倒戈，加入讨伐纣王的行列。史书上称之为"前徒倒戈"。于是武王和各路诸侯的大军很快包围了朝歌，纣王逃到鹿台之上自焚而死，妲己被武王下令斩首，殷朝灭亡。

族闾封墓①　　释箕子囚②
散财发粟　　归马放牛

[注释]

①族闾：闾，古代户籍编制单位，也泛指乡里。族闾，划出一定地域来安置殷族的臣民居住。

②箕子：名胥余，纣王之叔，官至太师，封于箕（今山西太谷东北），子爵，故称箕子，被纣王囚禁，周武王灭殷，将他释放，并向他咨询国政。

[讲解]

武王灭掉殷商后，十分注意抚慰殷地的臣民，封纣王的儿子武庚为殷族的首领，让自己的兄弟管叔鲜、蔡叔度为武庚相，辅佐武庚治理殷地。殷商的资深大臣商容，因谏劝纣王，被纣王贬官为民，武王特地派大臣去他居住的地方拜见，对他进行了表彰；又对被纣王迫害致死的比干进行了祭奠，把他的坟墓加土修整；放出了被纣王囚禁的箕子；又派大将南宫适（kuò）将鹿台中纣王搜刮百姓的珍宝财货加以清点，散发给百姓；打开纣王设于巨桥的粮仓，将存粮救济贫苦奴隶。一切办妥之后，才班师回周国。回国之后，将战马放归华山，将服役运输辎重的牛群放养于桃林之野。刀枪兵器则用皮革包了，加封锁入仓库，以表示战争结束了，不再用兵。成语"马放南山，刀枪入库"，就来源于此。最后武王才接受朝贺，正式即天子之位，国号周，定都于镐京（今陕西西安西南）。

成王嗣服①　　礼成乐备

康王克缵②　　四海刑措③

[注释]

①嗣服：继承君位。

②缵：继承。

③措：废去不用。

[讲解]

周武王去世后，他的儿子姬诵即位，即周成王。因成王年幼，由成王叔父周公姬旦摄政，在这期间，周公东征平定了武庚和管叔、蔡叔的叛乱，继续分封诸侯；七年以后成王长大了，周公遂归政于成王。周公又制定了礼乐制度，姜尚亦建立"九府圜法"，加强了国家财政管理，促进了经济的发展。成王去世后，其子康王姬钊继位。康王也是个能干的人，他去奢崇俭、简政安民，继续推行成王时代的各种政策制度，保持了国家兴旺。据史书说，这个时期民不犯法，刑法不用达四十年之久，成为整个周朝最安定繁荣的时期，被后人称为"成康之治"。

昭王溺楚　　穆作祥刑①

[注释]

①穆：周穆王。是西周在位最长的国王，史书上称他好远游，因而后世关于他的传说特别多。著名的有《穆天子传》，叙述他去昆仑山，在瑶池会见西王母的神话。祥刑：祥，与详通。断案判刑，要详审谨慎。

[讲解]

  周昭王姬瑕，是康王之子，他没有大的能力，却好大喜功。周朝到他即位后，便逐渐衰落。当时南方的楚国常与周发生战争。周昭王很想扩大领土，多次亲自出征楚国，因此楚国人十分讨厌他。后昭王再次南征，沿汉水下长江，汉阳地方的楚国人便假为恭顺，献给昭王一艘豪华的大船。这船表面上十分华丽，里面却是用皮胶黏合而成。昭王乘坐这船不久，皮胶被水溶化，船只解体，昭王也落水而死。他的儿子姬满继位，是为周穆王。因为边远各族不断反抗，诸侯不遵王命，周穆王让大臣吕侯作《吕刑》一书，作为定罪量刑的标准。其中包括砍头、剁脚、割掉鼻子等轻重不同的五种酷刑，其他刑法多达三千余条。

传至孝王　　非子封秦①

逮于夷王②　　觐始下堂

[注释]

  ①非子：传说是伯益的后代，居于犬丘（今陕西兴平东南），为小部落首领，以养马有功，封于秦（今甘肃张家川东陕甘交界一带）。

  ②逮：至，到。

[讲解]

  周朝王室逐渐衰落，国家制度很多不能执行。周穆王的孙子懿王去世后，懿王的叔父姬辟方乘机夺取了王位，即周孝王。周朝实行的以嫡长子继位的王位继承制，从此发生了改变。有一个叫非子的人很善养马，孝王让他到渭水边放马，结果马群大量繁殖，孝王很高兴，便将一个小城镇秦邑封给他，作为周的附庸。并赐姓嬴，人称为秦嬴氏。后来成为秦国国君的祖先。

孝王去世后，诸侯又拥立懿王的儿子姬燮为王，即周夷王。过去诸侯朝见国王，国王端坐于堂上，让诸侯上堂拜见。而夷王是借助诸侯的力量才登上王位的，所以对诸侯很客气，有诸侯来朝觐，他急忙走下堂去迎接，周王的权势从此更趋于衰落。

厉王暴虐　　民口思防

宣王中兴　　海内向风①

[注释]

①向风：对臣民安抚教育，而得到他们的拥护。向，归趋，人心所向。风，风气，教化。

[讲解]

周夷王的儿子姬胡是个生性残暴的君王，谥号为"周厉王"（杀戮无辜称为"厉"）。那时候住在首都镐京的人称为"国人"，住在镐京以外的人称为"郊人"。周厉王奢侈狂傲，不可避免地受到国人的议论。厉王听到有人议论，十分震怒，认为是诽谤朝政，下令禁止国人议论朝政，又派人暗中监视，凡被告发者，一律处死。所以国人什么话都不敢讲了。厉王很高兴地对辅政大臣召公说："我能制止国人诽谤了。"召公说："用杀的办法堵国人的口，和筑堤堵河水差不多。河水壅塞流不出去，一旦溃堤，伤人必多。堵国人的口不让说话，一旦爆发，灾害难以估计。不如让他们说话，以知朝政得失。"厉王不听。过了三年，国人终于忍无可忍，举行暴动要杀厉王。厉王逃往彘地（今山西霍州），终身不敢回国。"国人暴动"发生于公元前841年，从这一年起，中国历史才有了准确的纪年，史称共和元年。

厉王的儿子姬静（又作姬靖）年龄幼小，躲入召公家中，在"国人暴动"中得以幸免。这时国内行政靠周公、召公（世袭辅政大臣的爵位名）共同处理。直至公元前828年，传来厉王已死的消息，周、召二公才扶姬静即位，即周宣王，从而结束了周、召二公共和执政。事见《史记》。另一种说法是，厉王出逃后，国人推举共伯和（封地在今河南辉县）摄行天子事，至厉王病死，宣王登基后，共伯和才离镐京回国。事见《竹书纪年》。周宣王即位后，仿效文、武、成、康的做法，与诸侯的关系有所改善，能安抚百姓，教育臣民，而得到拥护，因被称为"宣王中兴"。

幽王昏乱① 弑于西戎②

[注释]

①幽王（？~前771）：即姬宫湦（湦：shēng，一作涅、湼）。宣王子。公元前781年即位，在位十一年。

②西戎：我国西北部少数民族的总称。攻入周，杀幽王的是犬戎，为戎族的一支。

[讲解]

周幽王是个昏庸的君主，他宠爱一个妃子褒姒，因而废去没有过错的申后和太子宜臼。这个褒姒生得十分美貌，就是不笑。幽王想尽一切办法逗她高兴，都没有成功。周朝镐京离西北边境的犬戎部落很近，犬戎常出兵到内地抢掠扰乱。因此，全国建了不少烽火台，一旦发生敌情，立即点燃烽火，白天冒烟，夜晚有火光，将敌人入侵的信号传向下一座烽火台。这样片刻之间，烽火信号便传至数百里外。诸侯望见烽火，立即出兵前来救援，保卫镐京安全。

这天幽王忽发奇想，利用烽火诱使诸侯上当，以博褒姒一笑。于是下令点起烽火，结果诸侯兵马急忙赶来，却没有敌寇，只见幽王和褒姒坐于城楼上饮酒作乐,都十分扫兴。只好偃旗息鼓,满怀愤慨地回国去了。褒姒见此情形,不由开怀大笑。不久,犬戎等出兵攻镐京,幽王忙举烽火召诸侯来救。诸侯怕再被耍弄,皆不发兵救援。犬戎遂攻破镐京,杀幽王于骊山之下。西周遂亡。

平王东迁①　　赏罚不行

齐晋秦楚　　强伯专征②

[注释]

①平王(?~前720):即姬宜臼,幽王太子。幽王被杀,他被拥立为王,迁都洛邑(今河南洛阳),公元前770年即位,在位五十一年。

②专征:不受王命的约束,自行决定军事行动的特权。春秋时代大国取得专征特权后,自由发动战争,大国吞并小国等事,便不可避免了。

[讲解]

周平王迁都洛邑,在原来都城镐京的东方,因此历史学家将平王东迁以前的周朝称为西周,东迁后的周朝称为东周。东周又划分为春秋和战国两个时期。平王东迁,即春秋时期的开始。这时,周朝王室虽然名义上仍称为天子,其实诸侯们都已不听周王的命令,周王也无能力对诸侯进行赏罚了。诸侯之间互相征伐,大国吞并小国,大国与强国之间,又为争夺盟主而战。这个时期最强大的国家有齐、晋、楚、秦等国,其中齐桓公、晋文公、秦穆公、宋襄公和楚庄王都曾当过盟主,被称为春秋五霸。不过春秋五霸都是哪些诸侯,史书记载也不完全一致。

孔圣作经①　　托始于平

[注释]

①孔圣：即孔子（前551~前479），名丘，字仲尼，鲁国陬邑（今山东曲阜东南）人。曾聚徒讲学，后为鲁国司寇，去职后周游列国不被任用。晚年归家致力于教育和著述，成为儒家学说的创始人，后来被尊崇为圣人。

[讲解]

孔子是春秋末期的思想家、政治家、教育家。相传他曾整理过《诗经》《尚书》等古代文献，并且把鲁国史官所记的《春秋》加以删修，成为我国第一部编年体史书。从周平王四十九年（前722）开始记述，至周敬王四十一年（前479）孔子卒时止。他的这些著作成为后世儒生必读的经典。

桓庄僖惠　　襄顷匡定
简灵景悼　　敬元贞定①
哀思考王　　弑逆多衅

[注释]

①敬元贞定：战国时代何时开始？说法不一。现一般均依《史记·六国年表》，从周元王元年（前475）开始。另一说法依《资治通鉴》，以周威烈王二十三年（前403）承认赵、魏、韩三家为诸侯开始，本书韵文依此说。

[讲解]

桓、庄、僖、惠、襄、顷、匡、定、简、灵、景、悼、敬、元、贞定，是十五位周王的名称。从周平王的孙子周桓王即位开始，至周贞定王去世这段时间，也就是公元前719年至公元前441年，这二百七十八年之间，是从春秋初期到战国初期的历史时期。在这一段时间内，大国吞并小国，互相攻伐，诸侯国日益减少，大国中惟一灭亡的就是晋国，于周元王在位期间，晋国被他属下赵、魏、韩三家大臣瓜分，三家分晋标志着战国时期的开始。

周贞定王去世后，他的儿子姬去疾继位，即周哀王。哀王在位三个月，被他的兄弟姬叔刺杀，夺了王位，即周思王。同年其弟姬嵬率兵又攻杀思王，自立为王，即周考王。这兄弟三人争王，互相残杀，使弱小的周王室更为衰弱。为了避免再出现兄弟相争，考王即位后（公元前440年），又将其弟姬揭封于河南（今洛阳西），号称西周桓公。这是周朝最后一次分封，本来只剩弹丸之地的周王领土，就更加狭小了。至公元前367年西周桓公的儿子威公去世，公子根又来争位，在韩、赵两个诸侯支持下，又在洛阳以东占了一块地盘，建立一个小国，号称"东周"，都巩（今河南巩义境）。公元前249年为秦所灭。

威烈继立[①]　　**三晋初命**[②]

王室式微　　**七国相竞**

[注释]

①威烈（？~前402）：即周威烈王，名姬午，考王之子，公元前426年即位，在位二十四年。

②三晋：春秋后期，晋国六卿专权，世代承袭，各有封地。他们互相

兼并，最后剩赵、魏、韩三家，瓜分了晋国，故称三家为三晋。

[讲解]

周考王在位十五年去世，他的儿子威烈王继位。这时距赵、魏、韩三家瓜分晋国已有五十年之久，但这三家虽然已成为事实上的国家，却从来没有被分封过，不能算合法的诸侯。威烈王为天子，终于正式认可三家的身份，封他们为侯爵诸侯国。这时周王室除了名义上仍为天子外，已没有一点天子的权力了。

春秋时期全中国有几十个诸侯国，到周威烈王时，只剩下齐、楚、燕、赵、韩、魏、秦七个国家来争夺天下。所以史书上称这七国为"战国七雄"。

历安烈显　　爱及慎靓
仪秦纵横①　孟轲守正②

[注释]

①仪秦：即张仪、苏秦。张仪（？～前309），战国时舌辩之士，魏国贵族后代，曾任秦相，封武信君，主张弱国应与强秦联盟的连横策略。晚年入魏为相，不久病死。苏秦（？～前284），战国时东周洛阳（今河南洛阳以东）人。曾任齐相，又被赵封为武安君，主张弱国联合抗秦的合纵策略。后被燕昭王派往齐国从事反间活动，被齐车裂而死。

②孟轲（约前372～前289）：战国时思想家、政治家。邹（今属山东）人。曾游说数国，后在齐为卿。被认为是孔子儒家思想的继承人，与孔子并称为"孔孟"，尊为"亚圣"。著有《孟子》。

[讲解]

周安王、烈王、显王及慎靓王时期，是战国时游说、舌辩之士活跃的时期。这时秦国强盛,已成为战国七雄中的头号强国,其他六国常被秦欺凌。苏秦认为一对一,任何一国都难与秦国抗衡,但如果六国联合起来,则兵力、财力将远超秦国,因而主张六国联合的合纵策略。后来说服了六国,被推为六国联盟的纵约长,秦国势力受到一定抑制。后来张仪为了破坏苏秦的合纵政策,拆散多国联盟,提出了弱国只有与秦联盟,才能得到有力的盟友而不受第三国侵凌。他的这种主张,被称为连横。后人将他们这类以擅长舌辩、游说于诸侯的人,称为纵横家。

在儒家眼中,同时期孟轲"民贵君轻""行仁义""法先王"等主张,才是纯正的治国之道,是儒家思想的继承和发展。所以后人便将孟轲尊为仅次于孔子的儒家代表人物。

传至赧王①   **二周沦亡**

年逾八百②   **三十七王**

[注释]

①赧王(?~前256):即姬延(一作诞)。周慎靓王之子。公元前314年即位,在位五十九年。为周朝最后一个国王。

②八百:相传的大致数字。根据近年史学家考定,自周武王灭商,至秦灭周止,为公元前1046年至公元前256年,共历七百九十一年。都巩县的东周公亡则尚晚几年。

[讲解]

公元前256年,秦昭襄王出兵,灭掉了周和考王时分封出来的西周公,所以本文称为"二周沦亡"。《史记集解》一书称二周灭亡时,其领土共七县。

周朝自西周武王建国至东周赧王为秦所灭共历八百余年。传三十七王：

西周（都镐京）：

武王—成王—康王—昭王—穆王—共王—懿王—孝王—夷王—厉王—宣王—幽王

东周（都洛阳）：

平王—桓王—庄王—釐（僖）王—惠王—襄王—顷王—匡王—定王—简王—灵王—景王—悼王—敬王—元王—贞定王—哀王—思王—考王—威烈王—安王—烈王—显王—慎靓王—赧王

秦始称帝[①]   **以吕易嬴**
并吞六国   **专尚刑名**

[注释]

①秦始：即秦始皇（前259~前210），姓嬴名政。公元前246年即秦王位，前221年统一中国，开始用"皇帝"称号。

[讲解]

秦国自其祖先非子被封于秦，赐姓嬴以后，经过几百年的发展，已成为战国时期最强大的诸侯国。秦国公子子楚年轻时作为人质，羁留在赵国，受到大商人吕不韦的资助，吕不韦又将已怀孕的宠姬送给子楚为妾，生了嬴政，传说实为吕不韦的儿子。后来子楚在吕不韦协助下逃回秦国，继承了王位，即秦庄襄王，吕不韦也被任命为秦国相国。庄襄王去世后，嬴政继承王位，灭掉六国，统一天下，把国家最高统治者定名为"皇帝"，自称"始皇帝"，准备传之万世。

秦始皇是个有雄才大略的皇帝，他爱好刑名之学，主张以法治国。统一中国后，他进行了一系列改革，废除了分封诸侯的制度，在全国设立郡县，由中央直接委派地方官员，加强了中央集权；又统一全国文字、货币、度量衡、法律；还修筑道路，发展交通；兴修水利，发展农业等。这些措施，都有助于巩固国家的统一，促进经济、文化的发展。

焚书坑儒　　北筑长城①

[注释]

①长城：我国古代重要军事工程。春秋战国时期，各诸侯国为了边防需要，如齐、赵、燕、魏等国，都先后修筑有边墙。秦始皇统一中国后，为防止北方少数民族的骚扰，将原有秦、赵、燕等国的边墙修缮加大，连为一体，才号称长城。秦代长城西起甘肃临洮，东至辽东。以后各朝代又多次增修。现在长城遗址，西起甘肃嘉峪关，东至山海关老龙头，是我国重要历史文化遗产，为世界历史上最伟大的工程之一，已载入世界文化遗产名录。

[讲解]

秦始皇害怕人民造反，收缴民间兵器，熔化后铸成十二个金人和若干乐器，焚烧各诸侯国史籍、儒家经典和诸子百家书籍，活埋借古讽今、不满现实的儒生和方士四百六十余人。焚书坑儒的发生，是两种不同思想斗争的结果。体现了秦政府的暴虐，严重阻碍了思想文化的发展。为了对付北方的匈奴，在战国各国原有长城的基础上扩筑长城，征集民工百余万人。长城修好后，由大将蒙恬率军驻守于上郡（今陕西榆林东南），使胡人不敢南下牧马和掠夺，保障了内地人民生活和生产的安定。但因为连年用兵、大兴土木，百姓赋税不断加重，再加上严苛的刑法，激起了人民的不满和反抗。

阿房方起①　　沙丘殒身

[注释]

①阿房：秦宫殿名。《史记·秦始皇本纪》称建于渭南上林苑中（今陕西西安西郊），"东西五百步，南北五十丈，上可坐万人，下可建五丈旗"。始皇死后直至秦亡，始终未能完工。

[讲解]

根据史书记载，秦始皇每灭掉一个国家，都要把该国的宫殿原样复制一座于秦国境内，把俘虏的嫔妃宫女迁养于内，供他玩乐。统一全国后，他开始修建"阿房宫"，同时又在骊山造了一座陵墓，两项大工程共征用七十多万人做苦役。与此同时，他又巡行全国，从会稽山（今浙江绍兴）到山东，又到碣石（今河北秦皇岛）。在这里，他又听信方士徐福的话，派了数千童男童女，随徐福入海寻仙，求不死药。徐福从此一去不返。秦始皇在回咸阳途中生病，死于沙丘（今河北广宗附近）。

李斯矫诏①　　二世称尊②
望夷遇弑　　秦祚遂倾

[注释]

①李斯（？~前208）：上蔡（今属河南）人。原为吕不韦门客，秦始皇时为客卿，建议对各国实行各个击破的政策，后代吕不韦为丞相，秦二世时被掌握朝政大权的赵高所杀。他又是个书法家，创造了"小篆"这种书法字体，对统一中国文字做出了贡献。

②二世（前230~前207）：即秦二世，名胡亥，始皇次子。昏庸无能，后为赵高所杀。

[讲解]

秦始皇死后，丞相李斯与掌握大权的宦官赵高合谋，伪造了始皇遗诏，逼死太子扶苏，立胡亥为帝，即秦二世。二世即位不久，爆发了多起农民起义，最著名的有陈胜、吴广起义，以及项梁、项籍、刘邦起义等。战国时各国贵族后代和部将也纷纷举起故国旗号独立。

秦二世三年（前207），秦国内部又发生内讧，秦二世在望夷宫内，被赵高逼令自杀，赵高又立扶苏的儿子子婴为秦王，子婴又杀了赵高。子婴仅当了四十六天皇帝，刘邦的部队攻破咸阳，子婴投降。后子婴被项羽所杀，秦朝遂亡。

从秦始皇统一全国自称始皇帝开始，至秦朝灭亡，前后仅十五年（前221~前207）。

汉高起兵① 　　破秦灭楚
三章约法 　　群才协辅

[注释]

①汉高：即汉高祖刘邦（前256或前247~前195），字季，沛县（今属江苏）人。西汉王朝建立者，庙号"高祖"。

[讲解]

刘邦原是个乡长一类的小官——泗水亭长。率众响应陈胜、吴广起义，投入项梁部下。后来项梁战死，部队由他的侄子项羽（名籍）统帅，刘邦因战功被封为沛公，成为项羽部下主力，率兵西进，最先攻入秦国首都咸阳，接受秦王子婴投降，废除秦国的众多严刑苛法，仅定了三条法律，史称"约法三章"，就是"杀人者死，伤人及盗抵罪"，受到人民拥护。不久，项羽进入咸阳，杀子婴及秦国降兵，焚烧宫殿，掠夺奇宝和妇女，因而失去民心。项羽自以为勇猛无人能敌，自封为"西楚霸王"，定都彭城（今江苏徐州），大封诸侯。他很忌妒刘邦得民心，便封刘邦为汉王，将他赶到偏僻的巴蜀、汉中山区。

项羽自矜武力，刚愎自用，不善用人，导致诸侯不服，天下大乱。刘邦趁机出兵关中，占领长安为根据地，向东发展，最后形成楚汉相争的局面。刘邦善于用人，不少诸侯和人才脱离项羽而投奔他。刘邦的力量从弱到强，终于战胜了项羽。

时有三杰[①]　　萧何信良
经营五载　　帝业用成

[注释]

①三杰：萧何、韩信、张良。萧何（？~前193），沛县（今属江苏）人，原为县小吏，最早随刘邦起兵，后为汉朝丞相，封鄼侯。韩信（？~前196），淮阴（今属江苏）人，初为项羽偏将，不被重用，后归刘邦，被拜为大将，灭楚战功第一，封齐王，后改为楚王，有人告发他谋反，降为淮阴侯，后被吕太后所杀。张良（？~前186），城父（今河南郏县东）人。为刘邦军师，汉朝建立后封留侯。

[讲解]

楚霸王项羽是一个武艺高强的勇将，无人可敌，他手下有四十多万雄兵。而刘邦仅有十万人，军事上处于劣势，常常被项羽打得大败，走投无路，多次遇险。但刘邦能用人，身边有一批能人辅佐。萧何、张良、韩信被称为"兴汉三杰"。萧何是最好的后勤，他留守于关中根据地，为前线提供了充足粮饷，随时补充兵员。张良则不离刘邦左右，出谋划策，多次从险境中救出刘邦。韩信本是项羽部下一个小军官，不被重用，后来投到刘邦部下，经萧何、张良竭力推荐，被刘邦破格拜为大将，统帅全军，使刘邦转弱为强。韩信采用十面埋伏之计，在垓下（今安徽灵璧南）与项羽决战，击溃了项羽主力，项羽逃到乌江自杀而亡。楚汉战争共进行了五年，刘邦终于获胜，统一全国，建立了汉朝。

惠帝嗣位① 　　过于柔仁
遭母残虐　　嗜饮弃政

[注释]

①惠帝（前207~前188）：即刘盈，刘邦太子。公元前195年继位，在位七年。

[讲解]

刘邦当了十二年皇帝后病死，太子刘盈继位时仅十二岁。刘盈生性懦弱，朝政大权都落入他的母亲吕太后手里。吕太后是个泼辣阴毒的妇人，刘邦死后，她把刘邦的宠妃戚夫人剁去四肢，剜去眼睛，弄哑嗓子，熏聋耳朵，置于厕所之内，号称"人彘"，请汉惠帝前去参观。惠帝见母亲如此残忍，忧郁成疾，终日借酒浇愁，不理朝政，几年后忧伤而死。

吕后临朝① 　　诸吕擅权
平勃交欢② 　　刘氏以全

[注释]

①吕后（前241~前180）：名雉，刘邦原配妻子，汉朝建立后为皇

后,曾帮助刘邦用计处死韩信、彭越等异姓王,是个野心很大、性格毒辣的女人。

②平勃:即陈平、周勃。陈平(?~前178),阳武(今河南原阳)人,刘邦谋士之一,封曲逆侯,吕太后时为丞相。周勃(?~前169),沛县(今属江苏)人。自幼随刘邦起义,屡立战功,封绛侯。吕后时任太尉,文帝时为丞相。

[讲解]

汉惠帝无子,吕太后夺后宫董美人幼子冒充惠帝张皇后所生之子,立为少帝,而杀董美人灭口。少帝尚在襁褓,吕后遂临朝听政。她违背刘邦"异姓不得封王"的规定,封其侄吕产、吕禄等为王,并让他们掌握国家军政大权。少帝年略长,知己非惠帝子,恨生母为吕太后所杀,于是吕太后遂囚杀少帝。吕氏死后,诸吕打算谋夺刘氏天下。丞相陈平与太尉周勃等定计,使人诱掌握兵权的吕禄外出游猎。周勃乘机夺其军权,尽擒诸吕斩之,迎立刘邦与薄姬所生之子刘恒为帝,即汉文帝。

太宗孝文① **恭俭宽仁**
建贤劝农 **加惠元元**②

[注释]

①孝文(前202~前157):即汉文帝刘恒。初封为代王,后被陈平、周勃迎立为帝,公元前180年即位,在位二十三年。善承父志为"孝",所以汉朝各帝谥号前都加一"孝"字。

②元元:又作"黎元",黎民百姓。《史记·文帝纪》:"以全天下元元之民。"《汉书·谷永传》:"使天下黎元咸安家乐业。"

[讲解]

汉文帝刘恒生活简俭、事母孝顺,能认真听取群臣建议,实行"与民休息"的政策,注意发展农业,减轻农民负担,使农业生产有所恢复发展,经济复苏,国家逐渐繁荣起来,广大百姓受到了实惠。

景帝遵业①　　**刻薄匪臧**②
废后易储　　**七国跳梁**

[注释]

①景帝(前188~前141):即刘启,文帝之子。公元前157年即位,在位十六年。

②匪臧:待人冷酷,不够善良。匪,非;臧,善。

[讲解]

汉景帝即位后,仍执行"与民休息"的政策,轻徭薄赋,国家比较富庶。史书将文帝和景帝统治时期称为"文景之治"。为了加强中央集权,汉景帝继续执行文帝的"削藩"计划,逐步禁止藩王自行铸造货币、征收赋税、任免官吏和拥有军队,一批藩王大为不满,发动叛乱,史称"七国之乱"。景帝以周勃的儿子周亚夫为太尉,统兵平定了七国之乱,巩固了国家的统治和安定。不过也有人说景帝几次废去皇后和更换太子,为人刻薄冷酷。

世宗孝武① 雄才大略

初向儒术 董生对策②

协律定吕③ 祀郊兴学

[注释]

①孝武（前157~前87）：即汉武帝刘彻，景帝子，公元前141年即位，在位五十四年。在他统治下，文治武功均有巨大成就，因之被后人誉为我国历史上最具有雄才大略的皇帝之一。

②董生：即董仲舒（前179~前104），广川（今河北景县）人，西汉哲学家。武帝时举贤良文学，后任江都相及胶西王相。著有《春秋繁露》等书。

③协律：本义为校正音乐律吕，引申为发展文化事业。班固《两都赋》："内设金马石渠之署，外兴乐府协律之事。"

[讲解]

汉武帝在位期间是整个西汉王朝的全盛时期，他很重视知识分子的作用，即位之初，便下诏全国各地举荐贤良方正之士，征求直言极谏之人。董仲舒的"天人三策"，提出了"君权神授"的主张，提倡封建的"三纲五常"伦理，建议"罢黜百家，独尊儒术"。汉武帝接受了他的建议，以儒家思想为指导，设置文化机构，在皇宫金马门外设立官署，授予东方朔等一批文人为金马门待诏的官职。又建筑石渠阁，为国家藏书之所。制定礼乐制度，大力兴办学校，设立国家最高学府太学，置五经博士。开启了我国封建社会以儒家思想为正统思想的历史。

继志神仙　　复穷武功

才臣竞起　　驰骛奋庸①

[注释]

①驰骛奋庸：努力建功立业。驰骛，迅速奔驰。屈原《离骚》："忽驰骛以追逐兮，非吾心之所急。"奋庸，奋发建功。《晋书·束晳传》："稷契奋庸以宣道，巢由洗耳以避禅，同垂不朽之称。"

[讲解]

汉武帝晚年同秦始皇一样，追求能长生不老。他迷信方士，在皇宫内建造了一座高台，以求神仙下降相会；他又在宫中立一根巨大铜柱，柱顶上铸立一个铜人，手捧承露盘在夜间承接天上落下的露水，相信喝了甘露就可以长生不老。

为了向夷族显示汉朝的国威，汉武帝派兵征伐边疆地区，或派使臣出使，以加强与边疆少数民族之间的经济文化交流。这一时期人才济济，为实现汉武帝的政治抱负和治国方略而驰骛奔走，建立了很多功勋。下面列举了其中一些杰出人物。

汤禹定令①　　相如赋雄②

武骞奉使③　　汲郑质直④

[注释]

①汤禹：即张汤、赵禹。张汤（？～前115），杜陵（今陕西西安东南）人。武帝时任廷尉、御史大夫等职。赵禹（？～约前100），武功

（今属陕西）人，历任廷尉，著有《朝律》。

②相如（前179~前118）：即司马相如，著名文学家，成都（今属四川）人。善作赋。后为中郎将，出使抚慰西南少数民族地区。

③武骞：即苏武、张骞。苏武（？~前60），杜陵（今陕西西安东南）人。曾出使匈奴，被扣，十九年始归。张骞（？~前114），成固（今属陕西）人，两次出使西域，官至博望侯。

④汲郑：即汲黯、郑当时。汲黯（？~前112），濮阳（今属河南）人。曾任东海、淮阳太守等职。郑当时，陈（今河南淮阳）人。景帝时为太子舍人，武帝时任济南太守、汝南太守等职。

[讲解]

汉武帝任用张汤和赵禹，制定了很多法令，稳定了当时的经济秩序。司马相如是当时著名的文学家，他写的《子虚赋》《上林赋》，描述天子、诸侯游猎的盛大场面，绘声绘色，成为名作，对后人词赋创作有很大影响。苏武、张骞是优秀外交家。苏武出使匈奴，坚贞不屈，被匈奴流放到北海（今俄罗斯贝加尔湖）牧羊十九年，持汉节不改其志。张骞两次出使西域，加强了汉朝与西域少数民族的政治、经济、文化交流，开辟了通向西方的丝绸之路，立下不朽功勋。汲黯、郑当时都是耿直敢言、很有政治才能的官员。

卫青去病①　　扬名戎狄

至于受遗　　霍光日碑②

[注释]

①卫青（？~前106）：河东平阳（今山西临汾西南）人，武帝皇后卫子夫之弟，官至大将军，谥"烈侯"。去病（前140~前117）：即霍去

病,武帝卫皇后姐之子,卫青外甥,随卫青屡立战功,官至骠骑将军,封冠军侯,死时年仅二十三岁。

②霍光(?~前68):霍去病异母弟,武帝时任奉车都尉,昭帝时任大司马大将军,封博陆侯,执政二十余年,权倾一时。日䃅(mì dī,前134~前86):即金日䃅,本匈奴休屠王太子,因匈奴政变,输入汉宫为奴,受武帝宠信,官至车骑将军,封秺(dù)侯。

[讲解]

秦汉之际,北方的少数民族匈奴逐渐强大起来,常常南下骚扰。汉朝初期,基本上采取防御政策。到了汉武帝时,才开始转守为攻。雄才大略的汉武帝,派卫青、霍去病统帅劲旅,先后六七次进军漠北,大败匈奴主力,使匈奴贵族远远逃走,匈奴对汉朝的威胁基本上得到解除。

卫青和霍去病战功累累,威名远播,可惜他们都英年早逝。汉武帝病重时,下诏遗命辅佐太子的大臣,有霍光、金日䃅二人。他们是与卫青、霍去病齐名的一代英豪。

晚节知悔　　得人最盛

轮台一诏①　　国本用滋

[注释]

①轮台:汉武帝时曾派兵驻于此地屯田。今新疆乌鲁木齐北的米泉市。

[讲解]

汉武帝到六十八岁时,才领悟到过去迷信方士、追求长生不老,以及连年用兵,使百姓负担加重的做法都是错误的。他曾对群臣说:"以前愚惑,被方士欺骗,天下岂有仙人?尽妖妄耳!"又发布了著名的"轮台诏"，诏书大意是说：之前增加百姓赋税，以供边境军需，是使百姓陷入痛苦的错误举措，向轮台派兵屯垦更是错误。今后应当实行让百姓休养生息的政策，加强农业，以富国强民为立国之本。

孝昭幼冲①　　天资明敏
辨忠识诈　　惜年不永

[注释]

①孝昭（前94~前74）：即汉昭帝刘弗陵，武帝幼子。即位时仅八岁，由大将军霍光辅政。在位十三年病故，仅二十一岁。

[讲解]

汉昭帝虽然即位时年龄很小，但是非常聪明，十四岁时大臣上官桀等人密谋政变，因害怕大将军霍光，便伪造燕王书信，诬告霍光调动军队演习准备政变，而进行陷害。一时朝内议论纷纷，霍光得知，去掉帽子到宫门外待罪。昭帝宣霍光进宫，说："大将军无罪。"并向群臣解释说："大将军调兵演习，距今还不到十天，远在数千里外的燕王怎能得知其中不少细节，并这么快便送来揭发的书信？这一定是京都内的人伪造的！"下旨寻找送信人，果然送信人已闻风逃亡。后人对昭帝的聪敏明察，十分称赞，可惜他年仅二十一岁便去世了。

孝宣励精①　　继续中兴
擢用儒臣　　望之梁丘②

[注释]

①孝宣（前91~前49）：即汉宣帝刘询。汉武帝曾孙。因昭帝无子，

被立为帝，公元前74年即位，在位二十五年。

②望之（？~前47）：即萧望之，东海兰陵（今山东苍山西南）人。后迁杜陵（今陕西西安东南）。著名学者，官至太子太傅，为太子刘奭(shì)老师。梁丘：即梁丘贺，诸县（今山东诸城）人。以精习《易经》著名。官至太中大夫、少府等职。

[讲解]

汉昭帝去世后，最初立昌邑王刘贺为帝。刘贺饮酒作乐，生活淫乱，又从昌邑带来大批官员，任意擢升，朝政混乱，所以刘贺仅当了二十七天皇帝，便被霍光等奏请皇太后废去。迎立勤奋好学的刘询为帝，即汉宣帝。汉宣帝是武帝戾（谥号）太子的孙子，戾太子被冤杀后，宣帝自幼过着平民生活，他比较懂得百姓疾苦。当上皇帝后，继续奉行"与民休息"的政策，减轻徭役赋税，整顿吏治，平理冤狱，使国家继续保持繁荣安定的局面。他非常重视教育，征召当时著名学者萧望之、梁丘贺等人到政府做官。萧望之当了太子刘奭的老师，梁丘贺专职向皇帝的侍从官员讲授经书。

以文章显　　刘向王褒①

[注释]

①刘向（约前77~前6）：沛县（今属江苏）人。著名文学家，著有《新序》《说苑》《列女传》等书。王褒（？~前61）：蜀郡资中（今四川资阳）人。著名辞赋家。曾任谏大夫。著有《甘泉宫颂》《洞箫赋》等名篇。

[讲解]

汉宣帝很注意收罗文士，其中较为著名者是刘向和王褒。刘向原是在皇帝御辇前引路的一个辇郎，因为文辞出众、博学多识，被宣帝提拔为谏大夫，后来被派往国家藏书楼天禄阁，校勘整理国家藏书，撰《别录》二十卷，是我国最早的目录学著作，刘向也被称为我国"目录学之祖"。王褒很会写文章，曾作《中和》《乐职》《宣布》等诗。汉宣帝读了这几篇诗赋，十分赞赏，将其召入京师，授以谏大夫。

安世充国[①]　　魏相丙吉[②]

[注释]

①安世（？～前62）：即张安世，武帝名臣张汤之子。继霍光为大司马。充国（前137～前52）：即赵充国，陇西上邽（今甘肃天水西南）人。西汉名将，驻守西北多年，封营平侯。

②魏相（？～前59）：济阴定陶（今属山东）人，宣帝时任大司农、御史大夫，后为丞相，封高平侯。丙吉（？～前55）：鲁国（今山东曲阜）人。宣帝时为御史大夫，后任丞相。

[讲解]

汉宣帝时人才济济。张安世在昭帝时任右将军，封富平侯，成为霍光得力助手，后与霍光一同决策，迎立宣帝即位。霍光去世以后，他接任大司马职务。赵充国是一代勇将，深通兵法，由于他家居西北，对匈奴及羌族风俗习惯、人事内情都很熟悉，多次平息边疆少数民族叛乱，后驻兵屯田，对发展边境少数民族地区农业生产有一定贡献。在文臣中，先后担任丞相的魏相和丙吉，都是公平正直的官员，在发展农业经济、整顿吏治等方面都很有成绩。

定国延年①　　将相是职

黄霸广汉②　　龚遂翁归③

[注释]

①定国（？~前40）：即于定国，郯县（今山东郯城）人。狱吏出身，升廷尉，断案宽平，后官至丞相。延年（？~前52）：即杜延年，南阳（今属河南）人。廷尉杜周之子，精通法律，主张用政宽和，官至御史大夫。封建平侯。

②黄霸（前130~前51）：阳夏（今河南太康）人。少学律令，为人明察，宣帝时历任扬州刺史、颍川太守。后代丙吉为相。广汉（？~前65）：即赵广汉，涿郡蠡吾（今河北博野西南）人。历任颍川太守、京兆尹。执法不避豪强。

③龚遂：山阳南平阳（今山东邹县）人。曾任渤海太守、水衡都尉等官。翁归（？~前62）：即尹翁归，河东平阳（今山西临汾）人。历任河东太守、右扶风守等职。为政严察、清勤自守，有很高声誉。

[讲解]

汉宣帝任用了一批能干的官员管理地方事务，保障社会安定，促进经济繁荣。如于定国、杜延年都是精通法律的人才。他们清廉正直、执法公正宽厚，由他们担任司法长官，加强了国家法制，减少了冤狱。黄霸、龚遂被称为守职尽责的地方官典型，号称"龚黄"。黄霸担任颍川太守时，常常深入民间，对民间疾苦了如指掌，鼓励农民务农桑、节财用，种树养畜，改善了百姓生活。渤海地区连年荒旱，农民纷纷起来反抗，封建官府难以制止。龚遂上任后，立即开仓借粮，奖励生产，劝农民"卖刀买犊"，致力农桑，社会很快安定下来。赵广汉和尹翁归都是执法不避权贵，敢于处置土豪劣绅的地方官员。

张敞延寿① 治民莫追
惜开三衅 德教有亏

[注释]

①张敞：河东平阳（今山西临汾）人。历任京兆尹、冀州刺史。直言敢谏，治绩卓著。延寿（？~前57）：即韩延寿，杜陵（今陕西西安东南）人。历任颍川、东郡太守，甚得民心。后为人诬陷被处死。临刑时，百姓拦道献酒者数千人，莫不流涕。

[讲解]

汉宣帝所任命的优秀地方官还有张敞和韩延寿等，他们治理地方的能力，在当时是无人能比得上的。可惜的是汉宣帝在治理国家上，有三大失误：第一是宠信宦官，使宦官势力膨胀，加大了乱国因素；第二，乱杀大臣，造成不少冤狱，赵广汉、韩延寿等，都被无辜处死；第三，重用外戚，大权旁落，为西汉的灭亡埋下了祸根。

孝元嗣位① 宠任宦戚
优柔寡断 忠良废斥

[注释]

①孝元（前76~前33）：即汉元帝刘奭（shì）。宣帝子，公元前49年即位，在位十六年。

[讲解]

汉元帝受其父熏陶，爱好儒术，并擅长书法、音乐。即位后，他任用一批儒士担任要职。但是他也像宣帝一样宠信宦官，依赖外戚。宦官弘恭、石显当了中书令，专权跋扈，多行不法。魏郡太守京房因弹劾石显的不法行为，反被石显反咬一口，下狱诛杀。甚至元帝的老师萧望之，也被弘恭、石显构陷，在狱中自杀。外戚史高任大司马领尚书事，与宦官互相勾结，专擅朝政。百姓则因赋税加重，流离失所，西汉政权开始迅速转衰。弘恭病死后，石显独擅大权。直到成帝时，外戚王凤势力崛起，石显才逐渐失势，被免官放回故里，中途忧惧病死。

成帝耽色^①　　王侯专恣

匡衡刘向^②　　谏若罔知

[注释]

①成帝（前51~前7）：即刘骜。元帝子，公元前33年即位，在位二十六年。

②匡衡：祖籍东海承（今山东枣庄市东南）人，至衡始迁往邹邑（今山东邹城）。官至丞相，封乐安侯。

[讲解]

汉成帝是个沉溺酒色的皇帝，一切国家大事，都委托给妻舅王凤。王凤身为大司马大将军领尚书事，王家兄弟五人都被封为侯爵，外戚专权已到无以复加的地步。同时贵族官僚竞相奢侈享乐，兼并土地，农民大量流亡，国家危机重重。丞相匡衡和皇族刘向上书劝谏，元帝毫不知醒悟。丞相匡衡出身贫苦，幼年时刻苦读书，曾留下了"凿壁偷光"的佳话。

迨至哀平①　　王莽伪恭②

篡十七载　　光武兴戎③

[注释]

①哀平：即汉哀帝、汉平帝。汉哀帝（前25~前1），即刘欣，是成帝侄，定陶恭王子。成帝无子，刘欣被立为太子，次年继位，在位六年。汉平帝（前9~5），即刘衎（kàn），也是成帝侄，中山孝王子。哀帝死后被迎立为帝，时年九岁。在位五年，为王莽毒杀。

②王莽（前45~23）：魏郡元城（今河北大名东）人，原籍东平陵（今山东济南东）。汉元帝王皇后之侄。成帝时官大司马。后篡汉，国号"新"，在位十七年，绿林军破长安，被杀。

③光武（前6~57）：即光武帝刘秀，南阳蔡阳（今湖北枣阳西南）人，西汉皇族。东汉开国皇帝。公元25年即位，在位三十三年。

[讲解]

汉元帝和汉成帝时期，是元帝王皇后娘家权势最大的时候，一家人有九人封侯，五人担任大司马。王家子弟竞相奢侈，惟有王皇后的侄子王莽与众不同。王莽生活俭朴、虚心守礼，很受舆论好评。成帝时被封为新都侯，任大司马。哀帝即位，王莽被免职，赶回封地。由于王莽平素有礼贤下士的好名声，不少人为他说好话，于是过了两年，他又被召回朝内任职。哀帝去世后，王莽扶九岁的汉平帝即位，亲自辅政。他策划亲信上书，自封为"安汉公"。后又毒死平帝，立年仅两岁的孺子婴为帝，王莽自称"假皇帝"，临朝听政，这里的"假"字，古汉语义为"假借"即"代理"之意。公元9年废去孺子婴，自立为帝，改国号为"新"。自刘邦称帝起，至王莽代汉止，前后两百一十年，历十二帝。因其都长安，故这两百一十年被后人称为"西汉",又称"前汉"。

王莽建国后,连年荒旱、赋税加重,农民流离失所,各地纷纷出现了反莽起义。力量最大的有绿林军和赤眉军两支。南阳人刘秀随其兄率众参加了绿林军。公元23年,绿林军攻入长安,王莽被杀。刘秀在反王莽起义中逐渐扩大自己的势力,于公元25年在河北继汉称帝,年号"建武",后定都洛阳。史称"东汉",又称"后汉"。

恢廓大度　　芟刈群雄①。
崇儒礼贤　　俊乂奋庸。

[注释]

①芟(shān):割草。引申为除去某种势力。

[讲解]

公元23年,王莽大将王寻、王邑率军四十二万人与绿林军战于昆阳(今河南叶县北),刘秀率精兵三千人突入王莽军中,杀死王寻,莽军大溃。不久,王莽政权遂告覆灭。后来起义军发生内乱,其兄刘縯被杀,刘秀遂成为这支部队的首领。他恢弘大度,善于团结各支农民起义军和利用西汉贵族力量,力量迅速壮大,终于削平群雄,建立了东汉政权。

伏湛循良①　　卓茂行谊②
马援大才③　　宋弘重义④

[注释]

①伏湛(?~37):琅邪东武(今山东诸城)人。西汉名儒伏胜之

后。曾为平原太守,光武帝时拜大司徒,封阳都侯。

②卓茂(？~28):南阳宛(今河南南阳)人。西汉末任密县令。光武帝即位,诏拜为太傅,封褒德侯。

③马援(前14~49):茂陵(今陕西兴平)人。东汉名将,任伏波将军,封新息侯,谥忠成侯。

④宋弘:长安(今陕西西安)人。曾于王莽政权中任职,光武时拜大司空。

[讲解]

伏湛出身世代名儒家庭,学识渊博,弟子众多;卓茂是个小县县令,但勤于政事,用德治和法治相结合的方法,境内大治。光武帝刘秀听到他们的名声,便诏请入朝,破格任用,委以重任。马援深得刘秀信任,战功赫赫,为一代名将。他在出征时说过:"男儿要当死于边野,以马革裹尸还葬耳!"充分表现了军人战死沙场的大无畏精神。"马革裹尸"遂成为脍炙人口的成语。宋弘原在王莽部下任要职,光武帝知他很有才干,委以要职,还打算把湖阳公主嫁给他。宋弘不肯背叛自己的原配妻子,说:"糟糠之妻不下堂!"人们因此都很钦佩宋弘的品德义气。他向光武帝举荐贤才三十多人,都受到重用。

刘昆郭伋①　　**杜诗张堪**②
一时郡守　　**允称兴贤**
建武永平　　**吏事深刻**

[注释]

①刘昆(？~57):陈留东昏(今河南兰考)人。西汉末经学家,讲学为业,有弟子五百余人。光武中历任江陵令、弘农太守等职。郭伋

（前38~47）：茂陵（今陕西兴平）人。历任雍州和颍川太守等职。

②杜诗（？~38）：河内汲（今河南卫辉）人。由成皋令升南阳太守，严格执法，重视发展农业。张堪：南阳宛（今河南南阳）人。历任蜀郡太守、渔阳太守等职。

[讲解]

光武帝刘秀治理国家，任用了一批很能干的官员。这些官员公正廉洁、严格执法，注意发展地方经济，使百姓富裕起来。这里举出的刘昆、郭伋、杜诗、张堪都是著名的廉吏。比如杜诗任南阳太守时，当地百姓就有歌谣说："前有召父，后有杜母。"召父，指西汉宣帝时的南阳太守召信臣；杜母指杜诗。他们都是爱护百姓的地方官员，百姓也把他们当成父母一样爱戴。后来，把地方主管官员称为父母官，就是从召信臣、杜诗开始的。张堪安抚吏民，鼓励农耕，百姓悦服，有民歌说："桑元附枝，麦秀两岐，张君为政，乐不可支。"

光武帝的年号称为"建武"，他的儿子汉明帝刘庄年号称"永平"。建武、永平年间，是东汉吏治最好的一段时间。

郭后废易①   **马援谗隙**

中兴之美   **史臣致惜**

[注释]

①郭后（？~52）：名圣通，真定藁（今河北藁城）人。刘秀称帝后被立为皇后，后被废。

[讲解]

公元24年，刘秀北征至真定时，娶当地贵族之女郭圣通。次年，光武称帝，立为贵人，生皇子刘强。第二年，被立为皇后。后来光武帝宠爱著名美女阴丽华，将当了十六年皇后的郭后无故废去，另立阴丽华为皇后。太子刘强因母被废，自请退居藩国，改封为东海王。

马援南征北战，屡立战功，年过花甲犹统兵出征，后来在南征时病死于军中。有人趁机陷害他，将马援南征时拉回的一车树种，说成是搜刮来的珠宝珍奇。光武帝大怒，不加调查便收马援的新息侯印。吓得马援之妻连马援灵柩也不敢运回原籍安葬。

后人评论光武帝，以为他废郭后、贬马援这两件事做得不妥，可以说是美中不足。

明帝幸学①　　三老五更②
执经问难　　冠带环门③

[注释]

①明帝（28~75）：即刘庄，光武帝和阴丽华之子。公元43年被立为太子，公元58年即皇帝位，在位十八年。

②三老五更：设"三老、五更"以敬老，上古已有，至汉仍存，不过说法并不尽同。东汉末学者郑玄以为三老和五更各一人；蔡邕则以为三老为三人，五更为五人，又以为"五更"应为"五叟"，因字形相似被误书，以致讹传。

③冠带：本义为帽子和腰带，后借指士绅官吏。晋夏侯湛《抵疑》："是以得按冠带之末，充乎士大夫之列"。

[讲解]

汉明帝是个比较爱读书学习的人，每年都要去学宫祭祀行礼。根据《礼记》记载，早在周文王时，就设有"三老、五更"的职位，由年龄高、职务高的退休官员担任。天子把他们当成父兄一样养起来，以为示范，向天下宣传敬老尊贤的风气。明帝到学宫举行养老礼，以李躬为三老，桓荣为五更。礼毕以后，明帝又亲自登坛讲授经书，众儒生提出疑难问题请求解答。每逢这种场合，因不能进入学宫，只好站在门外倾听的官员士绅不计其数。

云台纪勋　　二十八人①

元功邓禹②　　迄于刘隆③

[注释]

①二十八人：根据《资治通鉴》称："帝思中兴功臣，乃图画二十八将于南宫云台，以邓禹为首……"后又增加四人，合三十二人。《后汉书·马武传》后也附有此三十二人名单，名次略有不同。据此，云台中兴功臣，实有三十二人。而"二十八将"的说法流传较广，系民间传说为上天二十八宿转世的缘故。

②邓禹（2~58）：南阳新野（今属河南）人。光武帝时为高密侯，明帝时拜太傅，谥元侯。

③刘隆（？~87）：汉朝皇族。光武朝任诛虏将军、南郡太守，封长平侯。后为骠骑将军行大司马事，谥靖侯。

[讲解]

永平三年（60），汉明帝令在皇宫内的云台上，画了二十八位将军的肖像，以表彰他们随光武帝平定天下、中兴汉朝的功勋，合称为"云台二十八将"。按功劳大小次序排列，邓禹功劳最大，排在首位，最后一个是刘隆。还有一个功劳很大的将军马援，因为他是汉明帝马皇后的父亲，所以没有被列入。

刘平善政① 班超立功②

[注释]

①刘平（？~68）：彭城（今江苏徐州）人。光武时为全椒（今属安徽）长，有惠政。明帝时官至侍中、宗正。

②班超（32~102）：扶风安陵（今陕西咸阳）人。东汉名将，官至西域都护，封定远侯。史学家班彪之子，班固之弟。《后汉书·班彪传》称彪为扶风安陵人；而《班超传》则称超为扶风平陵人，矛盾不一。今按现代辞书，统一作"安陵人"。安陵、平陵在汉代是两个县，但现在都已在咸阳市区。

[讲解]

刘平是个很讲义气的人，王莽末天下大乱，他携母逃难，为了保全他死去兄弟之后，他宁肯带侄女逃走而弃掉自己的儿子。郡守孙萌被叛军围攻，他冒死护卫、身受十创。后来他担任全椒长（相当于县令），政有恩惠，狱无遗囚。

班超年轻时原是靠给别人抄书挣些收入来养母。有一天，他忽然把笔扔到地上，叹息说："大丈夫要像张骞那样立功异域，岂能久事笔砚间乎？"于是参加军队，留下了"投笔从戎"的成语典故。后来，他率领三十六骑出使鄯善，鄯善王接待十分热情周到。不久，匈奴也派了使臣率数百人的队伍来到鄯善，鄯善王害怕得罪匈奴，便对班超冷淡起来。班超探知原因，对部下说："现在我们陷入绝境，不入虎穴，不得虎子；必须击败匈奴。"于是与部下趁黑夜突袭匈奴营寨，乘风纵火，斩匈奴使者及随从三十余人，余众悉被烧死。鄯善王得知大惊，深服班超之勇。后来班超又多次率军平定莎车、龟（qiū）兹、焉耆（qí）贵族叛乱，任西域都护三十余年。

惊戎廉范①　　拜井耿恭②

[注释]

①廉范：杜陵（今陕西西安东南）人。明帝时任云中（今山西大同）太守、蜀郡（今四川成都）太守等职。

②耿恭：扶风茂陵（今陕西兴平）人，明帝时为西域戊己校尉。曾以少胜多，屡败匈奴的进攻。戊己校尉，汉时官名，无固定任所，负责巡行安抚西域诸国和屯田事宜。

[讲解]

廉范任云中太守时，五千多匈奴兵入侵。廉范手下仅数百兵，就坚守城池，派人搬救兵。到了晚上，他命令手下士兵，每人点上两三支火把，往来游动。匈奴望见城中火把大增，以为汉朝救兵大至，便害怕起来，准备天亮后退走。廉范率兵于黎明时突袭，匈奴大败逃遁。

耿恭长期率兵在西北与匈奴作战，传说他在疏勒（今属新疆）与匈奴作战，无水可喝，军士打井也未出水。于是耿恭很虔诚地拜跪祈祷，清澈的井水便从井中涌出。

肃宗宽厚①　　惜少刚德
宠任窦宪②　　用启外戚

[注释]

①肃宗：即汉章帝刘炟（dá）（56~88），明帝第五子。公元75年即

位，在位十三年。肃宗是他的庙号。

②窦宪（？~92）：扶风平陵（今陕西咸阳）人。其妹为章帝皇后，因而颇受宠信，历官虎贲中郎将、侍中等职，权贵日盛。

[讲解]

汉章帝即位以后，以宽厚的作风待人治国，但缺少刚强果断。他曾想封几位舅父为侯爵，母亲马太后不同意。马太后去世后，章帝宠爱窦皇后，便对她哥哥窦宪加以重用。窦宪仗着妹妹为皇后，横行不法，人人畏惧。有一次他看中了沁水公主的一所园田，便以极低的价钱强行买走。后来章帝得知此事，斥责窦宪，让他把园田还给公主，但并未治窦宪之罪，使窦宪依然我行我素，无所畏惧。

和殇安懿　　　顺用阉宦①

冲质不禄②　　无庸多责

[注释]

①和殇安懿、顺："和殇安懿顺"是指汉章帝以后五个皇帝。汉和帝（79~105）刘肇，章帝第四子，公元88年即位，在位十七年。汉殇帝（105~106）刘隆，和帝幼子，继位时才生百余日，次年夭亡。汉安帝（94~125）刘祜（hù），章帝孙，清河孝王刘庆子，由邓太后及车骑将军邓骘定策迎立为帝，在位十九年。汉少帝（？~125）刘懿，章帝孙，济北惠王刘寿之子。由阎太后和车骑将军阎显定计迎立为帝，在位半年夭亡，无谥号，故称"少帝"；或依其原封号，称他为"汉北乡侯"。汉顺帝（115~144）刘保，汉安帝太子，后被诬，废为济阴王；汉少帝死后，被掌握大权的宦官迎立为帝。在位十九年。

②不禄：指死。士大夫死，不再享受俸禄，故称不禄。又称夭亡为不

禄。《礼记》："寿考曰卒，短折曰不禄。"汉冲帝、汉质帝均是幼年被害死，故称不禄。

[讲解]

汉和帝即位时才九岁，由窦太后垂帘听政，外戚窦宪遂掌大权。窦太后去世，和帝亲政，惮窦宪权力太大，便利用宦官将窦宪收捕，逼他自杀。自此，宦官势力迅速膨胀。以后几个皇帝，都生活于外戚和宦官争权的夹缝中，没有什么建树。

汉顺帝本是安帝太子，其母李妃，被阎皇后害死，太子本人也被诬而废为济阴王。安帝死后，阎皇后与其弟阎显立北乡侯刘懿为帝。刘懿夭亡，宦官孙程等人趁机拥济阴王刘保即帝位，捕杀阎显及其兄弟阎耀、阎晏等，禁阎太后于离宫。

顺帝即位后，孙程等都因拥立有功，被封为侯爵。顺帝死后，他两岁的儿子刘炳继位，即汉冲帝。第二年正月亦死。大将军梁冀又立渤海孝王刘鸿的儿子刘缵为帝，即汉质帝，时年八岁，第二年被梁冀毒死。这两个小皇帝在位都不足一年，也是受害者，就不必责难他们了。

时有数贤　　俱擅美名

南阳朱季①　毛义郑均②

[注释]

①朱季：即朱晖，字文季，南阳宛（今河南南阳）人。曾任临淮太守，官至尚书令。

②毛义：庐江（今属安徽）人。家贫，以孝称。曾任安邑县令，后辞官家居，朝廷屡次征召不出。郑均：东平任城（今山东济宁）人。曾官尚书、议郎。退职后，赐以尚书禄，时称"白衣尚书"。

[讲解]

汉章帝至汉顺帝年间，朱晖、毛义、郑均等道德高尚、为官廉洁，受到人们的赞扬。南阳遇到大灾荒，一担米涨到千文钱。家居的朱晖散尽全部家财，买米周济同族和乡里贫穷百姓，自家却是布衣蔬食。友人早卒，遗属困难者，受他关怀周济的不止一家。毛义、郑均和朱晖一样，好仁重义，辞官回乡以后，安于过俭朴的百姓生活，对人谦恭有礼，常常仗义资助穷苦人家，受到百姓爱戴。汉章帝曾经下诏书对他们进行表彰。

杨震清节①　　黄宪量深②

[注释]

①杨震（？~124）：弘农华阴（今属陕西）人。东汉著名经学家。人称"关西孔子"。历官司徒、太尉等职。

②黄宪（75~122）：汝南慎阳（今河南正阳）人。著名学者，隐居不仕。人们常将他比作孔子的学生颜回，卒年四十八。

[讲解]

杨震的清廉是出了名的。他赴太守任途中，住在驿馆，夜晚有个县令悄悄地来看他，送来黄金十斤。那人说："没人知道，您收下吧！"杨震说："天知，神知，我知，子知，怎能说没人知道呢？"拒绝了那人行贿。

黄宪是个学问渊博、道德高尚的人，当时一些著名学者，对他都十分钦佩。说黄宪的胸怀像千顷波涛一样清澈广阔，不可估量。陈蕃曾说过："一个月不见黄宪，则鄙吝的念头就会又从心里萌动出来了。"后来，陈蕃做了高官，叹息说："这位置应当是黄宪的。可惜他早逝，如果还在，我绝不敢接受这个职位啊！"

虞诩增灶①　　张纲埋轮②

[注释]

①虞诩（？~137）：陈国武平（今河南鹿邑）人。曾任武都太守，顺帝时官至尚书仆射，纠举违法，不避权贵。

②张纲（108~143）：武阳（今四川彭山）人。顺帝时被司徒荐举他任御史，曾上书指责宦官和外戚的不法，被排挤出朝，任广陵（今江苏扬州）太守。

[讲解]

西部的少数民族羌胡，在武都（今属甘肃）一带扰乱，朝廷命虞诩为武都太守，去安定边境。羌胡首领得知消息，派了数千兵马在半路拦截。虞诩得到消息，便连夜疾走，将羌胡之兵远远甩在后边。他采用增灶之计，在宿营造饭的地方多垒了好几倍的灶火。羌胡追兵来到，数了一下灶火，十分吃惊，以为大兵来到，便心怀恐惧，不敢追赶。虞诩便顺利到达了武都。

张纲任御史时，被朝廷派到各地考察地方官员，准备惩办一批腐败官吏。别的御史都坐车出发了，张纲却让随从用土将车轮埋起来，大叫道："现在豺狼当道，何必去打狐狸？"于是便上书弹劾大将军梁冀及其弟梁不疑的不法行为，满朝震动。"张纲埋轮"是不畏权贵，直言敢谏的著名典故。后来他被排挤出朝，出任广陵太守，抚慰百姓，政绩显著，可惜在任一年便病故，年仅36岁。当地百姓扶老携幼前往悼念的不可胜数。

桓帝不君①　　李杜下狱②

[注释]

①桓帝（132~167）：即刘志。章帝曾孙，河间王刘翼之子，被梁太后和梁冀迎立为帝，在位二十一年。

②李杜：即李固、杜乔。李固（94~147），汉中南郑（今属陕西）人。冲帝时官至太尉，主张立清河王为帝，遭梁冀反对，被诬陷下狱死。杜乔（？~147），河内林虑（今河南林州）人。桓帝时官至太尉，因上书反对梁冀子弟及宦官无功封侯，被梁冀迫害致死。

[讲解]

公元146年，大将军梁冀毒死汉质帝，迎立年仅十五岁的刘志为帝，即汉桓帝，由梁太后听政，梁冀立朝辅政，汉桓帝成为有皇帝之名无皇帝之权的傀儡。大臣李固、杜乔因为反对梁冀，被同时逮捕下狱，迫害致死。

梁冀虽殄①　　五侯肆毒②
贤人忠愤　　卒成党锢

[注释]

①梁冀（？~159）：乌氏（今甘肃平凉）人。曾祖母为光武帝之女，妹为汉顺帝皇后。梁冀继其父梁商为大将军。先后立冲、质、桓三个皇帝。又将女儿嫁给桓帝为后，专断朝政二十余年，横行不法，敛财无数。

②五侯：单超等五个宦官被封为侯爵，此外还有曹节、张让等八个宦

官,被封为低一级的"乡侯",形成一个庞大的宦官集团,专擅朝政。

[讲解]

汉桓帝长大后,不甘心当梁冀的傀儡,等梁太后、梁皇后去世以后,桓帝便与宦官单超等密谋,率兵围梁冀府第,收其大将军印、逼其自杀,并没收其所有家财。

单超等五人因除梁冀有功,均被封为侯爵,号称"五侯"。他们得势以后,飞扬跋扈、贪赃枉法,祸害比梁冀更甚。后来单超等都病死或退休,但宦官集团的曹节、赵忠、张让等仍操纵着国政大权。当时著名学人李膺、郭泰等联合起来抨击宦官集团,宦官反而诬陷他们诽谤朝廷,将李膺、郭泰等两百余人逮捕下狱。史书称这一事件为"党锢之祸"。

颍川四长　　荀氏八龙
范滂揽辔①　李膺高风②

[注释]

①范滂(137~169):汝南征羌(今河南郾城)人。东汉名士,曾官汝南郡功曹,因触怒宦官,被拘捕杀害。

②李膺(110~169):字元礼,颍川襄城(今属河南)人。历任渔阳太守、度辽将军、司隶校尉等职。因反对宦官专权,两次被捕入狱,死于狱中。

[讲解]

荀淑、韩韶、钟皓、陈寔四人,都曾当过县令,又都是颍川郡(今河南许昌一带)人,道德高尚、学识渊博、名满一时,因此,被合称为"颍川四长"。

荀淑有八个儿子,都是很有学识的人才,人们称之为"荀氏八龙"。

范滂是位品德高尚、廉洁正直的官员。冀州闹灾荒，民不聊生，引起暴乱。朝廷任命他为清诏使，派他到冀州按察。范滂登上马车准备出发，手握马缰绳，仰望长空，慨然有澄清天下之志。冀州的一些贪官污吏听到范滂将要到来，吓得抛下官印逃走了。后人遂用"揽辔澄清"这个典故来形容官员初到职任即能澄清吏治，稳定政局。

李膺是一个学识渊博的文武全才，声名远播。他被罢官在家讲学，生徒多达千余人。很多文人以能一见李膺为荣，流传有"天下模楷李元礼"的名言，把能受到李膺接见称为"登龙门"。

崔寔政论①　　刘宠一钱②

[注释]

①崔寔（？～约170）：涿郡安平（今属河北）人。历任五原太守，治绩为边境第一。为当时著名文学家。

②刘宠（？～约171）：东莱牟平（今属山东）人。以廉洁著称。桓帝时官至司徒、太尉。

[讲解]

崔寔善于议论时政，年轻时写有《政论》，很有影响，因此被征召到朝廷做官。《全汉文》辑有他各体论著十五篇传世。

刘宠是一位为官廉洁的人。他担任会稽太守时，严禁官吏骚扰百姓，废除繁苛的赋税，严查各种非法行为，结果地方大治。后来他离任时，有几位住在山区从来没到过城镇的老农民特地带了一百钱来给刘宠送行，诉说刘宠到任后，农民生活安定，非要刘宠把钱收下。刘宠没办法推辞，只好从一百钱中选出一文钱收下，以作纪念。经过钱塘江时，即把收下的一文钱投进江中，以示不取百姓分文之意。

陈蕃下榻①　　刘宽蒲鞭②

[注释]

陈蕃（？~168）：汝南平舆（今属河南）人。历任太尉、太傅。后与窦武谋诛宦官，失败被杀。

刘宽（120~185）：弘农华阴（今属陕西）人。桓帝时任尚书令、南阳太守等职，灵帝时官至太尉。谥昭烈侯。

[讲解]

陈蕃担任豫章（今江西南昌）太守的时候，平常不接待宾客，惟对当地很有学问的隐士徐稚（字孺子）十分敬重，特别造了一张床，供徐稚来时休息之用，徐稚走后，陈蕃便将这张床挂起来。唐代诗人王勃《滕王阁序》一文中就有"物华天宝，龙光射牛斗之墟；人杰地灵，徐孺下陈蕃之榻"这句脍炙人口的名句。

刘宽是仁厚之人，他担任南阳太守时，常用蒲草做成的鞭子为刑具。手下官吏有过错，就用这种鞭子鞭笞，只是象征性地使他们受一下鞭笞之辱罢了。史书称之为"蒲鞭示辱"。

党人议起　　狱系名贤
宦寺擅权①　　流毒缙绅②
忠臣义士　　骈首就戮③

[注释]

①宦寺：寺人是古代宫中近侍小臣的统称，东汉后专指宦官而言，故

宦官又称宦寺。

②缙绅：缙与搢同，插的意思。绅，古代官员的束腰大带，官员手执笏板平时插于腰带中，"插笏于绅"。故引申称士大夫为缙绅。

③骈首就戮：多人集体被杀。骈（pián）：罗列，凑集。

[讲解]

公元167年，汉桓帝去世，窦太后和外戚大将军窦武等迎立章帝玄孙刘宏为帝，即汉灵帝。第二年，窦武和陈蕃等大臣，密谋除去专权的宦官曹节、王甫等人。不料机密泄露，曹节等人假传圣旨，将窦武、陈蕃等抓了起来，在狱中处死。与窦、陈有关系的官员门生，名士李膺、范滂、杜密等都被捕下狱，陆续被杀。流徙和囚禁的达六七百人。历史上称之为第二次"党锢之祸"。

乃召外兵　　以定王国

虺蜴虽除①　　虎狼入室

[注释]

①虺（huǐ）蜴：蜥蜴类毒虫。

[讲解]

汉灵帝即位以后，发生第二次"党锢之祸"，大将军窦武被杀后，由灵帝何皇后之兄何进继任大将军。这时，爆发了历史上有名的"黄巾起义"，天下大乱，而在朝廷内部，外戚与宦官争权夺利愈演愈烈。公元189年，灵帝去世，何太后临朝，立灵帝之子刘辩为皇帝。为了诛去宦官，大将军何进下令召拥有重兵的并州（今山西太原）牧董卓，带兵进京诛灭宦官。何进召外兵的消息被宦官得知，于是宦官用计诱何进入宫，将何进杀死，一时朝内大乱。宦官张让等劫持皇帝及皇帝之弟陈留王逃出城去。董卓大兵已至洛阳，杀掉了宦官，迎皇帝还宫。

这个董卓是大野心家，因诛宦官有功，拥兵自重，自任丞相，首先废了刘辩的帝位，旋又将刘辩及其母何太后毒死，另立陈留王刘协为帝，即汉献帝。东汉政权前除去毒虫一样的宦官，后又引入虎狼一般的董卓，因此而迅速走向衰亡。

献生不辰① **乾纲替陵**②
黄巾四起 **宇内靡宁**

[注释]

①献：即汉献帝刘协（181~234），刘辩之弟。公元189年九月，被董卓立为皇帝，时年九岁。在位二十五年。

②乾纲：君权。替陵：衰落。晋范宁《穀梁传序》："昔周道衰陵，乾纲绝纽。"（宋）强至诗："子美没已久，正风几替陵。"

[讲解]

汉献帝这个皇帝当的真不是时候，君权完全被权臣剥夺。加之国内连年灾荒，苛捐杂税压得农民喘不过气来。百姓要活命，终于在公元184年爆发了黄巾大起义。为首的兄弟三人，名叫张角、张梁、张宝，号称天公将军、地公将军、人公将军，都以黄巾裹头，所以称为黄巾军。各地方官员为了保护自身利益，也趁机实行割据，各自为政，并互相攻伐，捞取地盘。东汉王朝已处于风雨飘摇之中。

董卓既诛①　　曹瞒肆凶②

[注释]

①董卓（？~192）：陇西临洮（今甘肃岷县）人。曾任并州牧，后率兵入洛阳诛宦官，废少帝，立献帝，专断朝政，又挟献帝迁往长安，自称太师。后为王允、吕布谋杀。

②曹瞒（155~220）：即曹操，小字阿瞒，人或称之为"曹瞒"。谯（今安徽亳州）人。东汉末政治家、军事家、诗人。董卓死后他迎献帝于许都，削平袁绍、吕布、袁术等多处割据势力，统一中国北方，后封魏王。其子曹丕篡汉后，追谥其为魏武帝，庙号"太祖"。

[讲解]

董卓是一个凶狠残暴的人，掌握朝政以后，任意诛杀大臣、纵兵抢掠，从王公贵族到平民百姓，多受其害。又派兵掘汉朝几代皇帝坟墓，掠夺墓中珍宝。后来渤海太守袁绍等起兵反对董卓，董卓便焚烧洛阳宫殿，挟献帝及朝中大臣逃往长安。在长安期间，司徒王允策反了董卓部将吕布，设下密谋，将董卓诛杀。董卓部将李傕（jué）、郭汜又出兵攻入长安，杀王允，吕布逃走。献帝和朝内百官又被李、郭挟持。后来李、郭内讧，献帝和百官才得以逃往洛阳，被曹操迎往许（今河南许昌），定都于许。自此，曹操自任丞相，开始了挟天子以令诸侯的时代。唐宋以后一些文人在正统思想影响下，于小说戏曲中歪曲曹操形象，将其贬为一个乱世奸雄式的反面人物。

上弑母后①　　九锡自专②

曹丕嗣位③　　遂移汉祚

[注释]

①母后：指汉献帝伏皇后。其父伏完，为东汉末大臣。伏皇后因不满曹操擅权，致书其父图谋曹操，事泄，被废杀。

②九锡：古代帝王赐给大臣在服色、车马、仪仗上使用的九种用物及其规格，以显示其地位的尊荣。魏晋南北朝时的执政大臣，在夺取政权建立新王朝之前，都要先加九锡，已成惯例。

③曹丕（187~226）：即魏文帝，字子桓，曹操长子。公元220年，篡汉称帝，国号魏，建都洛阳。

[讲解]

曹操是个有战略头脑的政治家和军事家。他在取得朝政大权后，先后出兵平定了割据一方的军阀势力吕布、袁术、袁绍、张绣等，统一了中国北方。接着又准备统一南方，结果却在赤壁被孙权和刘备的联军打得大败。三国鼎立的局面自此而始。

曹操进爵为魏王，享受"九锡"的待遇，出入用相同于天子的仪仗。但他却不想当皇帝。在他死后，他的儿子曹丕终于篡汉称帝。汉朝至此灭亡。

从西汉刘邦建立汉朝到曹丕代汉，两汉共传二十四个皇帝，统治四百零六年。从汉光武帝建立东汉算起，则传十二帝一百九十六年。

时维玄德①　　中山苗裔

起兵讨贼　　关张结义②

[注释]

①玄德（161~223）：即刘备，字玄德，涿郡（今河北涿州）人。汉景帝子中山靖王刘胜的后代，东汉末年曾投军参加镇压黄巾起义。后取得西蜀为根据地，自称汉中王。曹丕代汉称帝后，公元221年，他也在西蜀称帝，国号汉，史称为蜀汉。谥号昭烈皇帝。

②关张：即关羽、张飞。关羽（？~219），字云长，河东解（今山西运城西南）人。刘备大将，曾被曹操封为汉寿亭侯，刘备取西蜀时，留他镇守荆州，东吴袭取荆州，他兵败被杀。后被神化，称之为"关公""关圣帝君"。张飞（？~221），字翼德，涿郡（今河北涿州）人。随刘备起兵，刘备称帝后，官车骑将军，谥桓侯。

[讲解]

东汉末年，天下大乱，身为汉朝皇族远支，早已没落为平民的刘备，心怀大志，想趁机干一番事业。投军途中，他遇到关羽和张飞，三人谈得投机，便在张飞的桃园中结拜为异姓兄弟，誓同生死。由于他们三人友谊终生不渝，后人便称之为"桃园三结义"，奉为交结朋友的楷模。

三顾孔明①　　克取蜀地

[注释]

①孔明（181~234）：即诸葛亮，字孔明，琅邪阳都（今山东沂南南）

人。东汉末隐居南阳，后为刘备军师。刘备称帝后，他任丞相，封武乡侯，领益州牧。曾六出祁山攻魏，病死五丈原军中，谥忠武侯。

[讲解]

刘备得知孔明是世外高人，隐于南阳，便带领关羽、张飞前往拜访，邀请诸葛亮出来帮助。一连去了两次，诸葛亮都不在家。到第三次，才算见到。史书上称此事为"三顾茅庐"。诸葛亮见刘备是个英雄人物，对自己十分恭敬，不厌其烦地三次拜请，便同意出山帮助刘备夺取天下。他向刘备分析全国大势，说北方由曹操统治，地域广大、国富兵强，无法与他抗争；东方现有一个孙权割据，他已好几代人统治东吴，政权巩固、地方富庶，加以人才济济，短时间也难以征服。现今只有西部蜀地，益州牧刘璋昏庸无能，应当夺取作为立脚根本，三分天下，待有机会，中原发生变故，再出兵统一中原。刘备听后非常高兴，便请诸葛亮做军师。后来在诸葛亮策划下，果然夺取西蜀，实现了三分天下。

亦有孙权[①]　　**继兄开业**

瑜昭同辅[②]　　**东吴称杰**

[注释]

①孙权（182~252）：三国时吴国创立者。吴郡富春（今浙江富阳）人。继兄孙策领江东六郡地盘。曹丕代汉后，封为吴王。公元229年称帝。即位于武昌（今湖北鄂州），旋迁都建业（今江苏南京），国号吴，在帝位二十四年。谥号大皇帝，故世称吴大帝。

②瑜昭：即周瑜、张昭。周瑜（175~210），字公瑾，庐江舒县（今安徽舒城）人。吴名将，任前部大都督。于赤壁大破曹操。不久病死。张昭（156~236），字子布，彭城（今江苏徐州）人。仕孙策为抚军中郎将。

赤壁之战时，主张降曹，为孙权所不满。孙权称帝后，官至辅吴将军。

[讲解]

　　孙权的父亲孙坚曾任长沙太守。孙坚死后，其长子孙策率孙坚残余军队千余人渡江，削平了江东割据势力，建立了孙氏政权。后来孙策遇刺，临终时，嘱咐其弟孙权说："外事不决问周瑜，内事不决问张昭。"后来孙权在周瑜、张昭的辅佐下，政权日益巩固。赤壁之战，周瑜联合刘备，大败曹操，奠定了三分天下的基础。

三分天下　　鼎足而立
承汉正统　　必归昭烈

[讲解]

　　三国时代，魏、蜀、吴三国鼎立，三分天下。长期以来，很多史学家以为魏是汉朝的直接继承者，并占据了中国大部分地区，应视为正统。东吴和西蜀只是偏安一角的小国，不能算正统。所以称刘备所建的国家为蜀或蜀汉。其实刘备当时所用国号是汉，以表示他是汉朝的合法继承者。但是后来一些读书人，特别重视儒家的封建伦理道德，在史学观点上，则认为刘备是汉朝皇族苗裔，他建立国家，是汉朝的延续，因此才算是正统，而曹丕魏国是篡位所建，不能算正统。本书原文作者，就是持刘备所创蜀汉为正统的观点。

后帝昏弱① 　　初任孔明

姜维嗣之② 　　中原九战

宠用黄皓③ 　　遂致沦陷

[注释]

①后帝：即刘禅（207~271）。刘备子，小名阿斗。继刘备为蜀汉之帝，俗称后主。公元223年即位，在位四十一年。后降魏，被封为安乐公。

②姜维（202~264）：天水冀（今甘肃甘谷东）人。原为魏郡将，后归蜀，受诸葛亮重用，诸葛亮去世后继为蜀军统帅，官大将军。刘禅降魏后，他被迫投降魏将钟会，企图利用钟会反魏复蜀，事泄被杀。

③黄皓：蜀汉宦官，为后主刘禅宠信，操纵政权。蜀亡后，魏将邓艾想杀他，他贿赂邓艾身边的人得以幸免。

[讲解]

蜀汉后主刘禅是个昏庸无能的皇帝。刘备去世时，托孤给诸葛亮，让诸葛亮辅助刘禅。诸葛亮出兵伐魏，六出祁山，病死军中，指定姜维接替他统率蜀军。姜维继承诸葛亮遗志，九次出兵北伐中原，都未能成功。由于刘禅宠信宦官黄皓，姜维十分愤怒，痛斥黄皓祸国殃民。黄皓十分惧怕姜维，阴谋陷害姜维，姜维只好离开成都避祸，托名屯田，驻兵汉中防魏。后来魏国派邓艾和钟会分兵两路进攻西蜀，钟会在剑阁被姜维所阻，不能前进。邓艾从阴平（今甘肃文县南）小道入蜀，绕到姜维后方，突袭成都，后主刘禅降魏。蜀汉至此遂亡。

自刘备称帝到后主降魏，共历两个皇帝，有国四十三年。所以后人称刘备为先主，刘禅为后主。

晋之世祖　　为司马炎①

篡魏灭蜀　　君临百官

[注释]

①司马炎（236~290）：即晋武帝。河内温（今河南温县）人。司马昭之子。公元265年篡魏称帝，都洛阳，在位二十五年。谥号武，故称晋武帝，庙号"世祖"。

[讲解]

晋武帝司马炎的祖父司马懿，是曹操的部下，后来任太子中庶子，又追随曹丕，深受曹丕的信任。曹丕当了皇帝，司马懿地位迅速上升。由于司马懿多谋略、善权术，曹丕去世以后，他成为魏国惟一能与诸葛亮抗衡的将才，因而权势越来越大。后发动政变，捕杀曹爽一党，取代曹爽为大将军，专擅国政。司马懿死后，他的儿子司马师、司马昭相继担任大将军。司马昭灭掉蜀汉以后，自封为相国、晋公，加九锡，不久又进爵为晋王，为篡夺曹魏政权做好了充分准备，因之，留下了一个"司马昭之心，路人皆知"的成语。时为皇帝的曹髦对司马专政无法容忍，便亲自率领宫中宿卫数百人去晋王府杀司马昭，反被司马昭的部将贾充杀害。司马昭废曹髦为高贵乡公，另立曹操的一个孙子曹奂为皇帝。司马昭死后，他的儿子司马炎继为晋王。几个月后，司马炎逼曹奂禅位，自己做了皇帝，改国号为晋。

魏国自曹丕代汉称帝至司马炎篡魏止，共历五个皇帝，有国四十六年。

始尚仁俭　　志怠平吴
杂戎内居　　卒召五胡

[讲解]

司马炎称帝后，雄心勃勃，对臣下和百姓能仁厚宽大，生活也比较俭朴。安抚百姓，发展生产，出现了经济繁荣的太平景象。公元279年，司马炎以贾充为帅，杜预、王浚为大将，分兵几路攻东吴，次年灭吴。自孙权称帝至孙皓降晋，东吴共历四位皇帝，有国五十九年。

司马炎统一中国之后，便骄横跋扈，沉溺于酒色之中。

当时的少数民族主要有匈奴、羯、鲜卑、氐、羌五族。史书称之为"五胡"。他们虽然杂居内地，但仍然保留着原有部落的风俗习惯和军事性组织。晋朝统治阶级对少数民族的歧视，引起他们的仇恨和反抗，以致招来民族之间的战争和国家的分裂，先后出现了匈奴族的前赵，羯族的后赵，鲜卑族的前燕、后燕、西燕、西秦，氐族的成汉、前秦、后凉，羌族的后秦等国。

追至惠帝①　　贾后牝晨②
祸起宗室　　八王树兵

[注释]

①惠帝（259～306）：即司马衷。司马炎次子。性痴呆，公元290年即位，在位十七年。

②贾后（256～300）：名南风。车骑将军贾充女。惠帝时专擅朝政、

荒淫放恣、阴毒权诈，挑动宗室诸王之间混战。后被赵王司马伦所杀。牝晨：牝，母性禽兽。《尚书·牧誓》："牝鸡之晨，惟家之索。"就是说：母鸡早上打鸣，这个家庭一定败落。后人据此产生"牝鸡司晨"的成语，比喻女人篡权乱政。

[讲解]

　　晋惠帝是有名的白痴皇帝。据史书记载，由于连年荒旱，百姓没粮食吃，饿死不少。大臣向他奏报，他竟然说："何不食肉糜？"皇后贾南风利用他的昏庸无知，掌握了朝政大权。贾后是个阴险毒辣的女人，为了争权，她杀掉辅政的外戚杨骏，甚至废掉杨骏的女儿杨太后（晋武帝司马炎的皇后），并逼她自杀而死。贾后又召汝南王司马亮入京辅政，却又唆使楚王司马玮杀司马亮，而贾后又将司马玮处死；赵王司马伦不服，起兵杀掉贾后，废惠帝自立为皇帝。其他亲王不满，又起兵杀掉赵王司马伦。诸王互相攻杀，长达十六年之久，使晋朝元气大伤。史称为"八王之乱"。

李雄继起①　　张方劫君②
越还帝驾③　　中毒而崩

[注释]

　　①李雄（274~334）：巴氐族，蜀地流民起义首领李特之子，后继为首领，公元304年称成都王，306年称帝，国号大成。史称成汉。为东晋十六国之一。公元347年为桓温所灭。

　　②张方（？~306）：河间（今属河北）人。晋河间王司马颙部将，以勇武授振武将军，曾与关东诸王混战，并劫持惠帝。后被司马颙所杀。

　　③越（？~311）：即司马越，司马懿侄孙，高密王司马泰之子。惠帝

时封东海王。八王之乱中，诸王陆续被杀，司马越入洛阳，任太傅录尚书事，独掌朝政。后刘聪攻晋，司马越南撤，病死于项（今河南项城以南）。

[讲解]

在晋朝诸王互相征伐混战之时，巴蜀少数民族的领袖李雄率众攻占了巴蜀最大的城市成都，并自称成都王，两年后又宣布建立大成国，自立为帝，使西晋一统天下的局面开始被打破。

就在李雄占领成都称王的同时，中原地区诸王正处于混战之中。晋惠帝先后被几个亲王所劫持，最后，落入河间王司马颙部将张方之手。当时司马颙为平西将军驻于长安，张方便将惠帝劫往长安。东海王司马越出兵讨伐司马颙，司马颙杀掉张方求和。司马越不许。其部将祁弘攻入长安，迎惠帝回洛阳复位。司马颙在逃亡中被杀。司马越掌握了朝政大权，毒死晋惠帝，另立惠帝的弟弟司马炽为皇帝。

厥弟怀帝[①]   **天资亦明**

时违势逆   **行酒狄庭**

[注释]

①厥弟：惠帝之弟。厥，代词。相当于"其""他的"。怀帝（284~313）：即晋怀帝司马炽，司马炎第二十五子。公元307年即位，在位六年。后被汉王刘聪所杀。

[讲解]

晋怀帝与白痴皇帝晋惠帝不同，是个聪明知礼的人，只是他命运不好，生于乱世，即所谓"时违势逆"。

"八王之乱"使西晋经济被严重破坏，各少数民族首领纷纷叛晋。匈奴贵族刘渊，看到西晋皇室骨肉互相残杀，便于离石（今属山西）起兵叛晋，因他姓刘，便冒充刘邦后代，所以国号"汉"。刘渊当了七年皇帝后病死。他的儿子刘聪继位，派部将刘曜攻破洛阳，将晋怀帝俘获，送往刘聪驻地平阳（今山西临汾）。刘聪大宴群臣庆功，让晋怀帝穿上仆人服式的青衣，为大家倒酒侍候。在场的晋臣失声痛哭。后来刘聪怕有后患，便将晋怀帝处死。

愍帝嗣立①　　出降刘曜②
逖侃诸贤③　　亦罔克效

[注释]

①愍帝（300~317）：即晋愍帝司马邺，司马炎孙。怀帝死后被立为帝。公元313年于长安即位，在位四年。刘曜攻长安，愍帝出降，次年被杀。

②刘曜（？~329）：匈奴族人。刘渊之侄。为刘渊、刘聪部下勇将，曾攻破洛阳、长安，俘获晋怀、愍二帝。后镇守长安。刘聪死后，皇子争夺帝位发生内乱，刘曜率兵到京都平阳平乱。公元318年自立为皇帝，改国号为赵，迁都长安。在位十二年，与石勒交战，兵败被俘杀。

③逖侃：即祖逖、陶侃。祖逖（266~321），范阳遒县（今河北涞水北）人。东晋名将。中原失陷，举家迁江南，后为豫州刺史，率众北伐，中途以忧愤病死。陶侃（259~334），庐江浔阳（今江西九江）人。东晋名将。曾任荆州刺史、都督八州诸军事。

[讲解]

晋怀帝在平阳被杀的消息传来，皇太子司马邺遂在长安即皇帝位。任命驻扎在建业（今南京）的琅邪王司马睿为左丞相、大都督，督陕东诸军事,命令他出兵北伐,克复洛阳。可是司马睿却不肯出兵。驻守京口(今江苏镇江)的爱国将领祖逖得知此消息,请求出兵。司马睿便任命他为豫州刺史、奋威将军。祖逖率领部下渡江北伐,船到江心,他击楫发誓说:"祖逖不能清中原而复济者,有如大江!"表示了他不恢复中原决不回江南的决心。另一爱国将领陶侃驻守武昌,他有北伐之志,可惜因四处用兵,平息南方叛乱,无力北伐。祖逖的北伐军节节胜利,中原人士以为他恢复中原指日可待。但这时,刘曜的大兵已直抵长安。晋愍帝无力抵抗,只好出城投降。自此,西晋遂亡。

元起江左[①]　　**鲜志中兴**

王敦谋逆[②]　　**未能讨平**

[注释]

①元:即晋元帝司马睿(276~322)。晋愍帝降刘曜后被杀,公元317年司马睿在建业即晋王位,次年称帝。改建业为建康(今江苏南京),在位五年。

②王敦(266~324):琅邪临沂(今属山东)人。东晋初任大将军、荆州牧。曾引兵攻入建康,乱杀无辜,后退回武昌。不久又谋反,进兵建康,中途病死。

[讲解]

晋愍帝司马邺被杀后,在江南的晋朝贵族王导、王敦等拥立琅邪王司马睿为皇帝,即晋元帝。定都于建康,史称为东晋。

司马睿当了皇帝以后,倒是很想做一番事业,恢复中原,但他却缺少英明帝王的雄才大略。在北伐名将祖逖进军中原、收复大片领土、兵临荥阳之际,他却派了亲信戴若思任都督。此人目光短浅,不谙兵法,祖逖受他节制，心中不快，忧虑成病去世，北伐大业功亏一篑。

这时王敦势力日大，元帝十分忧虑，与近臣刘隗等商议削夺王氏权力。王敦听说后大怒，以诛奸臣刘隗为名，起兵攻建康。元帝令刘隗、戴若思等出兵抵御，戴若思兵败，为王敦所杀，刘隗逃离东晋，投奔在北方建国的后赵皇帝石勒。王敦兵入建康，滥杀无辜，纵兵抢掠。元帝对他毫无办法，只得下旨封王敦为丞相、总督中外诸军、录尚书事。王敦受封，以篡晋时机未至，也不去见元帝，大肆掠夺一番之后还兵武昌。元帝忧恐成疾，不久去世。

明帝继之① **躬殄不殊**②

[注释]

①明帝（299~325）：即司马绍。元帝长子，公元 322 年即位，在位三年。

②躬殄：躬，亲自、亲身。殄（tiǎn），消灭、绝灭。

[讲解]

晋明帝即位后，念念不忘的大事，就是实现元帝遗志，平定王敦叛乱。他任命王导为大都督，会同大臣温峤、庾亮等商议讨伐王敦的办法；并召刘遐、苏峻等地方官员，出兵入卫建康。王敦这时病重，得知这消息后，十分震怒，便命令其兄王含和部将钱凤等起兵，以诛奸臣温峤为名，杀奔建康。双方交战之时，王敦病死。消息传到建康前线，王敦叛军都无斗志，很快便被击溃，王含、钱凤被擒获处死。王敦之乱至此平定。

成帝嗣立①　逆谋苏峻②

向非温峤③　何以存晋

[注释]

①成帝（319~342）：即司马衍，晋明帝长子。公元325年即位。在位十八年。

②苏峻（？~328）：长广掖县（今山东莱州）人。东晋大将，因征王敦有战功，升冠军将军，后叛乱，兵败被杀。

③温峤（288~329）：太原祁（今山西祁县）人。原为平北大将军刘琨部将，有战功，明帝时任中书令，以平南将军、江州刺史出镇武昌。后因平苏峻有功，升骠骑将军，卒赠侍中、大将军，谥忠武。

[讲解]

晋成帝当皇帝时才五岁，由庾太后垂帘听政，庾亮、王导辅政。不久，王导去世，一切大权归于庾亮。庾亮看到苏峻自平定王敦叛乱立下战功以后，手握重兵，势力迅速增大，实为朝廷隐患，便设法解除他的兵权。苏峻得知后，起兵叛乱，以讨伐庾亮为名攻入首都建康。自封为骠骑将军录尚书事，驱役百官，专擅朝政，又允许其部下在京都恣意掠夺。庾亮逃出京都，投奔江州刺史温峤。温峤便联合荆州刺史陶侃等，从武昌起兵，东向讨伐苏峻。结果苏峻兵败被杀。乱平后，温峤仍回武昌。他先后讨平王敦、苏峻的叛乱，挽救了晋朝。所以说如果不是温峤，恐怕东晋就要灭亡而不存在了。

康帝二载①　　穆帝幼龄②

[注释]

①康帝（323~344）：即司马岳。晋成帝司马衍之弟。在位两年。

②穆帝（343~361）：即司马聃（dān）。晋康帝子。即位时才两岁，在位十七年。

[讲解]

晋朝辅政大臣王导去世后，庾亮的兄弟扬州刺史庾冰入朝辅政。庾冰很有能力，史书上称他为贤相。晋成帝病危时，因儿子幼小，接受庾冰建议，将帝位传给兄弟司马岳，即晋康帝。康帝身体欠佳，朝政交庾冰等人。两年以后，康帝和庾冰先后病故，康帝的儿子司马聃即皇帝位，即晋穆帝。他的母亲褚太后垂帘听政。这时，掌握国家军队大权的庾翼（庾冰之弟）病故，他的好友桓温接替他的职务，被任命为安西将军、都督荆梁四州诸军事、荆州刺史。不久，桓温出兵灭掉了割据蜀地四十余年的成汉政权，威名大震，进位为征西大将军，封临贺郡公，逐渐掌握了东晋军政大权。

哀皇帝奕①　　简文孝武②
桓温跋扈③　　安石辅政④

[注释]

①哀皇（341~365）：即司马丕。晋成帝司马衍长子。公元361年即位，在位五年，因服"长生药"中毒死。帝奕（342~386）：即司马奕，

司马丕弟。继丕为帝，在位六年，被桓温废去。

②简文（321~372）：即司马昱。晋元帝司马睿幼子，为桓温所立。公元371年即位，次年六月病死，在位仅八个月。孝武（？~396）：即司马曜，简文帝第二子，在位二十四年。

③桓温（312~373）：谯国龙亢（今安徽怀远西）人。晋明帝女婿，曾从庾翼伐王敦，后官至大司马，专擅朝政二十余年。

④安石（320~385）：即谢安，字安石，陈郡阳夏（今河南太康）人。有才名，初为桓温司马，温死后官至大都督、太保等职，掌握大权，粉碎前秦进攻，巩固了东晋政权。谥文靖。

[讲解]

晋穆帝去世以后的十二年中，东晋一连换了四个皇帝。这十二年中，一直由桓温执掌国政。桓温努力树立自身威望，先灭掉蜀地的小国成汉，又挥师北伐，进攻前秦和前燕。桓温攻前秦，曾克复西晋首都洛阳，进兵关中，已逼近前秦首都长安，因军粮不济退回。攻前燕，大军到达枋头（今河南浚县西南），又因粮运不继，受挫败退。桓温北伐不成，又想在朝内立威，先后立司马奕、司马昱、司马曜为帝。桓温自以为功高盖世，暗示朝廷应给他加"九锡"的荣誉。但他的副手谢安是个识大体的人，故意拖延不办。不久，桓温病死。

苻坚入寇①　　玄石殄寇②

[注释]

①苻坚（338~385）：略阳临渭（今甘肃秦安东南）人。氐族。十六国前秦创立者苻洪之孙。公元357年即位，先后统一中国北方大部分地区。后攻东晋失败，北方各民族首领乘机反秦，他被羌族首领姚苌擒杀。

②玄石：即谢玄、谢石。谢玄（343~388），东晋名将。谢安侄。淝水之战大败苻坚。谢石（327~388），谢安弟。任大都督，率兵抵御苻坚入侵，后为中军将军、尚书令。

[讲解]

前秦皇帝苻坚，是个雄心勃勃的人。他即位以后，先后灭掉前燕、前凉、代国，又攻占了东晋的汉中、益州等地。公元383年，亲率大军九十万，大举伐晋。东晋丞相谢安令谢玄、谢石统兵八万迎敌，两军对峙于淝水（今安徽寿县附近）。这时苻坚十分骄傲，认为自己兵马众多，狂妄地说："只要把我军的马鞭子投入河中，也能把河水塞断。"企图一举灭晋。晋军首先在洛涧击败秦军前哨后，驻军于八公山下。苻坚登上寿州楼遥望，只见晋军列阵严整，远看八公山上草木摇动，以为都是晋兵，才开始有点惧怕。这时，晋军要求秦军后退一些，以便晋军过河决战。苻坚想等晋军渡河，在半渡中加以袭击，一举击溃晋兵，便下令秦兵后退一些。谁知苻坚兵马虽多，人心不齐，士卒远征，十分厌战，而各少数民族将领被迫投降苻坚并不甘心，倒希望苻坚战败，以便割据独立。听到后退的命令，一退即不可收拾，苻坚难以制止，加之在襄阳被俘而被编入秦军的原晋国将士，便大呼秦军已败。于是接连数十里的秦军营寨一片大乱。这时晋兵已渡过淝水，乘机追击，秦兵在溃逃中，听到风声鹤唳，都以为是晋兵到来。谢玄乘机克复了彭城（今江苏徐州）和洛阳。苻坚狼狈逃回关中，又被羌族首领姚苌擒杀，夺取了秦国帝位。史称姚苌所建的秦国为后秦。

淝水之战是我国历史上著名的以少胜多的战例。并留下"投鞭断流""风声鹤唳""草木皆兵"等成语典故。

至于安恭① 遂失神州②

[注释]

①安恭：即晋安帝和晋恭帝。晋安帝（？~418），即司马德宗，司马曜长子。在位期间，朝中大权落入会稽王司马道子及其儿子司马元显之手。晋恭帝（？~421），即司马德文，晋安帝之弟。在位两年。

②神州：古时对中国的泛称。《史记》："中国名曰赤县神州。"后遂以"神州"或"赤县"作中国的别称。

[讲解]

淝水之战后，谢安去世。皇族司马道子和他的儿子司马元显掌握朝政大权达二十年之久。司马道子父子专事聚敛，奢侈无度，结果百姓怨恨，将士离心。公元402年，荆、江二州刺史桓玄叛乱。起兵攻破建康，杀死司马元显父子，废去安帝，自立为皇帝，国号楚。公元405年，东晋将领刘裕起兵反桓玄，桓玄兵败被杀。刘裕扶安帝复位，自此刘裕遂掌握东晋大权。后来刘裕又杀死安帝，另立司马德文为晋恭帝。公元420年六月，刘裕代晋称帝，废晋恭帝为零陵王。东晋至此灭亡。

自司马炎建国至刘裕代晋，两晋共历十五帝、一百五十六年。其中东晋十一帝，历时一百零四年。

刘裕篡晋① 为宋高祖
清俭寡欲 严正有度

[注释]

①刘裕（363~422）：祖籍彭城（今江苏徐州），后迁京口（今江苏

镇江）。东晋将领，平桓玄乱掌握东晋大权，被封宋王，代晋称帝，国号宋，在位三年。谥武帝，庙号"高祖"。他所建的宋朝，史称刘宋，是为了与后来赵匡胤所建的宋朝区别。

[讲解]

中国自东晋灭亡后的一百七十年间，基本上分裂为南北两大部分，南方由宋、齐、梁、陈四个朝代更迭统治；北方则比较复杂，自西晋末匈奴的刘渊称帝建国，攻占洛阳后，北方各少数民族纷纷建国割据一方，此灭彼兴，混战了百余年，史称十六国。直至公元439年，才由北魏统一了北方，此后，北方遂由北魏（又分裂为东魏、西魏）、北齐、北周先后建国割据，互相征伐，与南朝对峙。最后由隋朝灭掉南北各国，统一了中国。所以历史上把自刘裕建立宋朝开始，到隋朝统一中国止，称为南北朝时期。

刘裕是一个很有才干的皇帝，他平定桓玄叛乱后，又出兵灭掉南燕、后秦等小国，夺回了曾属东晋的巴蜀等地，统一了中国江淮流域以南的广袤领土。他当上皇帝以后，生活比较俭朴，在政治上打击豪强、加强中央集权，社会经济也有所发展。

义符见废^①　　传位于文^②
乃杀道济^③　　坏其长城

[注释]

①义符（406~424）：刘裕长子，继刘裕为帝，仅两年，被废。史称少帝。

②文（407~453）：即宋文帝刘义隆。刘裕第三子。义符被废后即帝位。在位三十年，被太子刘劭所弑。

③道济（？~436）：即檀道济，高平金乡（今属山东）人。刘宋大将，随刘裕平后秦，为先锋。后官至司空，镇守寻阳（今江西九江）。文帝忌他威名，无辜被杀。

[讲解]

刘裕去世，太子刘义符继为皇帝。他在守孝期间，不守丧礼，歌舞淫乐，无所不为，被大臣公议废去，另立其弟刘义隆为帝，即宋文帝。文帝初即位时，注意发展农业，兴修学校，经济一度繁荣。

当时刘宋大将，首推檀道济。他战功累累，威名远扬，朝内一些奸臣对他十分惧怕，便向文帝进谗，遂将檀道济逮捕，无故杀死。檀道济听了处死他的诏书之后，义愤填膺，抓下自己的头巾掷到地上，愤慨地说："这是自毁万里长城啊！"与刘宋争夺天下的北魏，得到檀道济被处死的消息，十分高兴，说："道济死，余下一群无能之辈，我们就什么都不怕了！"便出兵攻宋，攻城略地，直达长江北岸的瓜步。宋文帝登上石头城，遥望北岸敌军，十分恐惧，这时才后悔起来，说："如果檀道济还在，岂能容敌军来到这里！"

孝武起兵①　　诛劭而立
子业狂暴②　　寿寂弑之③

[注释]

①孝武（430~464）：即宋孝武帝刘骏，文帝第三子。起兵诛刘劭，自立为帝，在位十一年。

②子业（449~465）：孝武帝刘骏长子。继刘骏为帝，性残暴，在位一年被刺杀，废去帝号。史称"前废帝"。

③寿寂之（？~471）：吴兴（今浙江湖州）人，为刘子业侍从小臣，

因弑废帝有功，封应城县侯，官至南太山太守，为官酷暴，后被免官流放，中途被杀。

[讲解]

公元453年，宋太子刘劭弑宋文帝，引起大臣和宗室的不满，将军沈庆之等拥武陵王刘骏讨伐刘劭。同年五月攻入台城（今南京城内鸡鸣山一带，为宫殿和政府机构所在地），擒杀刘劭。刘骏自立为帝，在位十一年。死后由其子刘子业继位。刘子业虽然才十五岁，但是性格残暴，滥杀大臣和诸王。湘东王刘彧笼络刘子业身边的官员寿寂之等将刘子业刺杀。经大臣公议，废去刘子业帝号。由刘彧即位，是为宋明帝。

明帝在位① 残杀无厌
苍梧遇刺② 顺帝称禅③
篡宋为齐 萧氏道成④

[注释]

①明帝（439~472）：即刘彧，宋文帝第十一子，派人刺杀前废帝刘子业后即皇帝位，在位七年病卒。

②苍梧（463~477）：即苍梧王刘昱，明帝长子。公元472年即位，在位五年，被禁军将领萧道成刺杀。废去帝号，称苍梧王。史书称之为"后废帝"。

③顺帝（469~479）：即宋顺帝刘准。宋明帝第三子。继刘昱为帝，在位三年，禅位于萧道成，旋又为萧道成所杀。

④道成（427~482）：即齐高帝萧道成。祖籍东海，迁居南兰陵（今江苏常州）。刘宋将领，历任大都督、相国，后篡宋称帝，国号齐，史称南齐。

[讲解]

宋明帝即位后,遭到许多地方官员的反对,拥立年仅十一岁的晋安王为帝,与宋明帝对抗。但很快便被明帝平定,并杀了晋安王。此后,明帝疑心重重,深怕有人反对他,又杀死自己的几个兄弟和大臣。在削平晋安王的叛乱中,禁军将领萧道成擢升极快。到明帝太子刘昱即位,萧道成已升为总领军,为四位辅政大臣之一。刘昱当皇帝时年仅十岁,但比明帝更为残暴,常常带几个亲随微服出宫,路逢行人及犬马牛驴,杀以取乐。以致民间白天闭门,商贩绝迹。他忌萧道成威望,很想杀之。萧道成十分恐惧,便贿赂刘昱侍从,将刘昱杀死,另立刘准为帝,即宋顺帝。

顺帝即位,萧道成野心暴露无遗,由大都督、太傅升至相国,封齐公,加九锡。最后逼顺帝禅位。国号齐。刘宋自此遂亡。自刘裕建国至顺帝禅位,共历五帝六十年。

武帝既殁①   **昭业昭文**

俱未善终   **明帝嗣兴**②

[注释]

①武帝(440~493):即齐武帝萧赜(zé),高帝萧道成长子,公元482年即位。在位十一年。

②明帝(452~498):即齐明帝萧鸾。齐皇族。曾以大将军辅政,后自立为帝。公元494年即位,在位五年。

[讲解]

萧道成去世,萧赜继位,为齐武帝。立长子萧长懋为太子。后来萧长懋病故,又立萧长懋的儿子萧昭业为皇太孙。公元493年武帝死,萧昭业继位,任用奸佞,沉湎酒色,淫乱腐化,被辅政大臣、西昌侯萧鸾所杀,其弟昭文被立为帝。不久，昭文亦被杀，萧鸾自立为帝，即齐明帝。

萧鸾即位以后，比较俭约，力图改变齐武帝以来皇室奢侈之风，废齐武帝所建新林苑，还地给百姓。但他生性多疑，总怕有人反对他，因而滥杀诸王和大臣，使齐国国势日益衰落。

东昏追废^②　　亡于宝融^③

[注释]

①东昏（483~501）：即东昏侯萧宝卷，明帝第二子。公元498年继承帝位，为政暴虐、生活腐化，被雍州刺史萧衍所杀。追谥为东昏侯。

②宝融（488~502）：即齐和帝萧宝融。明帝第八子。在位一年，禅位于萧衍。

[讲解]

萧宝卷自幼养尊处优，游手好闲，当了皇帝以后，奢侈淫乱，为政暴虐，残杀大臣，大兴土木。萧宝卷在位不足一年，便杀了几位大臣，致使齐大臣人人自危。第二年，他任命功勋卓著、威名远震的萧懿为尚书令进京辅政，但不过一个月，他又忌惮萧懿声威，将萧懿毒死，并打算除去萧懿的兄弟雍州刺史萧衍。萧衍得知，遂在襄阳起兵与南郡太守萧颖胄等拥南康王萧宝融为帝，即位于江陵（今湖北荆州），萧衍出兵围攻建康，城内兵变，杀萧宝卷。萧衍入城，假太后令废萧宝卷为东昏侯。萧衍假称太后懿旨，出任相国，封梁公，接着又进爵梁王，派员去江陵迎萧宝融来京。萧宝融行至姑孰（今安徽当涂），下旨禅位于梁王萧衍。萧齐王朝至此灭亡。自萧道成建国，南朝齐共传七帝，历二十四年。史称南齐，又称萧齐。

梁祖萧衍①　　同泰舍身
逼于侯景②　　饿死台城

[注释]

①萧衍（464~549）：即梁武帝。南兰陵（今江苏常州）人。公元502年代齐称帝，国号梁，在位四十八年。

②侯景（503~552）：怀朔镇（今内蒙古包头东北）人。原为北朝魏将，后投梁，又叛乱攻入建康，围梁武帝。梁将王僧辩、陈霸先攻建康，侯景逃走，为部将所杀。

[讲解]

梁武帝萧衍是个多才多艺的人，射箭、骑马、音乐、围棋、文学、书法都很精通。他对读书人很尊敬，但他更崇信佛教。当皇帝后，在全国大造佛寺，并在皇宫所在地台城内，建造了一座豪华的同泰寺，经常前往礼佛诵经。并曾一度舍身同泰寺为僧。后经大臣们捐钱，才把他从寺中赎回。公元548年，东魏降将侯景因不满梁与东魏媾和，起兵叛乱，攻入建康，将梁武帝围困在台城长达四个多月，梁武帝因粮尽饿死台城。

简文被弑①　　绎帝江陵②
传至敬帝③　　遂禅于陈

[注释]

①简文（503~551）：即梁简文帝萧纲，武帝第三子。侯景陷台城，被立为帝，后又被侯景所杀。梁元帝时，追谥为简文帝。

②绎帝（508~554）：即梁元帝萧绎，武帝第七子，封湘东王，任荆州刺史。公元552年在江陵（今湖北荆州）称帝。在位三年，西魏军破江陵，被俘杀。

③敬帝（542~557）：即梁敬帝萧方智，元帝子，被陈霸先立为帝。两年后，陈霸先代梁称帝，被废杀。

[讲解]

侯景陷台城，立太子萧纲为傀儡皇帝，自为相国、汉王。公元551年侯景杀萧纲，又立梁豫章王萧栋为帝。仅两个月，又废去萧栋，自立为帝，国号汉。梁湘东王萧绎派部将王僧辩联合始兴太守陈霸先出兵讨伐侯景。公元552年，王僧辩、陈霸先攻破建康，侯景逃走，被其部将所杀。侯景之乱平息。萧绎在江陵称帝，即梁元帝。

梁元帝是个很有才华的人，著有《金楼子》《古今同姓名录》等书传世。但是他不是一个政治家。他让大将王僧辩驻建康，陈霸先驻京口，自己仍在江陵。公元554年，西魏派劲旅突击江陵，城将陷落，他将自己所藏古今图书十四万余卷全部烧毁，仍聚百官上殿讲解经书。后来城破，被俘杀。

萧绎死后，陈霸先袭杀王僧辩，立萧方智为帝，即梁敬帝，在建康即位。陈霸先遂掌握军政大权，两年后代梁称帝，国号陈。

梁朝自梁武帝萧衍建国，共传四帝，历五十六年。侯景所立的萧栋，北齐和王僧辩所立的傀儡萧渊明，在位时间都很短，不算在内。

霸先创国①　　兄子嗣位

末帝叔宝②　　淫虐肆非

[注释]

①霸先（503~559）：即陈武帝陈霸先，南朝陈国的创立者。吴兴长

城（今浙江长兴）人。梁朝时曾任西江都护、高要太守等职。以讨灭侯景有功得揽大权，位至司空，封陈王，后篡梁称帝，在位三年。

②叔宝（553~604）：即陈后主陈叔宝，陈武帝兄长之孙。公元582年即位，在位八年。

[讲解]

因陈霸先无子，去世后遗诏让其兄长之子陈蒨（qiàn）继位为帝，即陈文帝。文帝出身于民间下层，知道平民百姓疾苦，所以即位后尚能俭朴勤政。在位七年去世。他的儿子陈伯宗文弱无能，当了两年皇帝，被他的叔父陈顼（xū）假太后名义下旨废去，由陈顼即皇帝位，即陈宣帝，在位十四年，国势更加衰弱。宣帝的儿子陈叔宝是陈朝最后一个皇帝，也是陈朝最有名的一个皇帝，但他的出名不是因为他的英明和政绩，而是因为他是中国历史上著名的昏君和风流皇帝。他关注的不是国家大事，而是奢靡享乐。他在皇宫内建立了临春、结绮、望仙三座豪华楼阁，日夜与宠妃张丽华和文臣们游宴其中。他又喜欢作艳曲，著名的歌曲有《玉树后庭花》《临春乐》等。有的大臣看不过去，劝谏他关心国事，他反将大臣杀死。公元589年，隋兵攻入建康，他慌忙与宠妃张丽华躲入后宫花园井中，被隋兵搜出。隋将李渊杀死张丽华，而将陈叔宝押送长安。隋文帝封他为长城县公，软禁于洛阳，他竟毫不伤怀，仍过着今朝有酒今朝醉的醉生梦死式的生活。

陈朝共传了五个皇帝，历三十三年。

周将杨坚①　　目如曙星
始篡周位　　后复灭陈

[注释]

①杨坚（541~604）：弘农华阴（今属陕西）人。父杨忠，北周大将，

封隋国公。杨坚袭爵以后，又晋封隋王。公元581年代北周称帝。国号隋，在位二十四年，为太子杨广所弑。

[讲解]

东晋以后中国南方经历了宋、齐、梁、陈四个朝代，历史上称为南朝。北方主要由北魏统一，后来分裂为东魏和西魏两个国家，东魏后来为其丞相高洋所篡，国号齐。为了与南方齐国区别，史书上称为北齐。西魏后来被宇文觉篡夺，国号周。史称北周。北方形成北周、北齐的对峙。后来北周灭掉了北齐，统一了北方。以后杨坚代北周为帝，出兵灭掉南方的陈，遂将东晋以来分裂了两百多年的中国统一起来。

为隋文帝　　明察临民

[讲解]

杨坚当了皇帝以后，吸取历代王朝兴亡成败的经验教训，制定了安定社会、发展生产的一系列措施，推行均田制，扩大垦田，奖励农耕，减免盐酒税，有力地促进了经济繁荣。他生活俭朴，常常穿着旧衣，吃饭常常是只有一个肉菜。他不止一次教导太子杨勇说："自古以来，没有一个帝王因奢侈腐化而能长治久安的。"皇后独孤氏的表弟崔长仁，身为大都督，到民间搜寻美女，不到一个月，就逼死女子七人。杨坚得知此事，便将崔长仁处死。

杨广弑逆①　　淫酗色荒

狩于扬州　　身殒国亡

[注释]

①杨广（569~618）：即隋炀帝，杨坚次子，继杨坚为帝。公元605年即位，在位十四年，在宇文化及兵变中被缢死。

[讲解]

隋炀帝是个好大喜功、刚愎自用、骄奢淫逸、残暴的君主。他善于玩弄权术，表面上十分孝顺，骗取父母欢心，背地里实施他的阴谋诡计。结果，使杨坚废去太子杨勇，而立他为太子。杨坚病重时，他派亲信将杨坚刺杀。当上皇帝之后，他也曾雄心勃勃，想要建立一番超秦皇越汉武的事业，年号大业，大兴土木，修建宫苑、园林、离宫，开挖洛阳至扬州的运河。巡视边境，赐赏少数民族领袖，以显大国富豪。三次出兵北征高丽，劳民伤财。不数年，隋文帝积累的财富被其挥霍一空。由于徭役繁重，民不聊生，全国爆发了多起农民起义，诸侯割据，兵戈连年。隋炀帝却在扬州乐而忘返。他带往扬州的百官和禁军离家日久，回去遥遥无期，于是发生兵变，将隋炀帝缢死。纵观其一生，骄奢淫欲，以致亡国。不过不是一件好事没做，他开创用科举来选拔人才，结束了贵族世袭做官的制度。开挖运河，对发展经济起了重大作用，以后唐宋元明清各代，均曾在其基础上继续增挖和疏浚，终于形成我国历史上一项巨大水利工程而闻名世界。

帝侑帝侗　　虚名空存
李渊篡位①　隋祚遂倾

[注释]

①李渊（566~635）：即唐高祖。陇西成纪（今甘肃秦安）人。隋时为唐国公，炀帝死后，他立炀帝孙杨侑为帝，不久，逼杨侑让位，建立唐朝。在位九年，传位于次子世民，自为太上皇。

[讲解]

公元617年，唐国公李渊在太原起兵反隋，攻入长安，立炀帝孙杨侑为帝，不久，废去杨侑自立；这时，割据于东都洛阳的王世充也立杨侑的兄弟杨侗为帝，不久也将杨侗废去，自立为帝，与李渊争天下。最后李渊削平各地割据势力，建立唐朝。

自公元581年杨坚建立隋朝，共历二帝，前后仅三十八年。至于杨侑、杨侗，只是别人利用的一面旗子，有名无实，不能算入帝王之列。

唐祖举兵　　始自晋地
六年之中　　海内咸乂①

[注释]

①咸乂：咸，都，皆；乂（yì），安定。《三国志·鲍勋传》："隆治致化，万邦咸乂。"

[讲解]

隋末天下大乱，担任太原留守的唐国公李渊在他儿子李世民劝说下，起兵反隋。李世民是个很有头脑的政治家和军事家，所以很快成为李渊部队的主要统帅和决策人。他的军队攻占长安以后，首先废除了隋朝的苛法，与民约法十二条，宽减赋役，取得了当地贵族豪强和百姓的支持。又制定了首先占领巴蜀、汉中等富庶地区作为根据地，然后向中原发展的正确战略。李世民特别注意笼络人才，如瓦岗军的重要谋士魏徵、徐懋功，王世充的大将秦琼、程咬金，刘武周的大将尉迟恭，都脱离原来势力，投到李世民麾下。李世民十分重视和信任这些人才，经过六年的征战，消灭了各地割据势力，统一了中国。

世民承位① **庙号太宗**
除乱致治 **功德兼隆**

[注释]

①世民（599~649）：即唐太宗李世民。唐初，封秦王、任尚书令。公元626年即皇帝位，年号贞观，在位二十三年。

[讲解]

李世民是一代英明的君主。他在平定隋末割据势力的战争中，功勋卓著。即位以后他十分注重任贤纳谏，加强对地方官员的考核，发展科举制度，以选拔人才。又推行均田制和租庸调法，修订法律、救济灾民，使当时的社会秩序从隋末动乱中趋向稳定，经济有所恢复和发展。被史学家称为"贞观之治"。同时，他又注意团结边远少数民族，发展西域交通，加强文化交流和贸易。又把文成公主嫁给吐蕃王松赞干布，促进了民族团结。

开馆延才　　群贤协恭①

[注释]

①协恭：协，悦服；恭，奉行。

[讲解]

唐太宗非常注意培养和收罗人才。他下令全国各郡州县都要建立学校、招收学生、定期考试。在政府机构设立弘文馆。在东宫设立崇文馆，选拔优秀学者入馆担任学士，负责教授学生、整理校正图书典籍、参加政府制度礼仪条文的讨论和编制。一时间群贤毕至，人才济济，都十分高兴地去履行职责。

房杜善断①　　马周切理②

[注释]

①房杜：即房玄龄、杜如晦。房玄龄（579~648），齐州临淄（今山东淄博）人。原为李世民记室。太宗即位后，官至中书令，封梁国公。杜如晦（585~630），京兆杜陵（今陕西西安东南）人。李世民重要谋士，太宗时官至右仆射，封莱国公，与房玄龄同掌国政。

②马周（601~648）：清河茌平（今属山东）人，经中郎将常何举荐为官，深受唐太宗器重，官至中书令、吏部尚书。

[讲解]

在隋末战争中，房玄龄、杜如晦二人便投入李世民的帐下，成为他的谋士和助手。早在唐高祖武德四年（621），秦王李世民便设立文学馆，将他部下十八个重要文职官员养于馆中,授以学士官职,成为他的智囊团,人称之为"十八学士"。十八人中,杜如晦、房玄龄功劳最大,排名在第一、第二。李世民当了皇帝,他们二人实际担任了宰相职务。唐太宗与房玄龄商议事情,总是说:"这事非杜如晦不能决定。"等杜如晦来到,总是决定采用房玄龄的方案。这是因为房玄龄擅长谋略,杜如晦善于决断。

马周本是将军常何的门客,常何的一切笔墨文字,都由马周代笔。有一次常何上书议论了二十余件事,太宗看了十分欣赏,不相信常何这个武将能写出这样好的政论,一问才知是门客马周代写。当天,太宗便召见马周,授以监察御史。后来马周又陆续上书议论朝政得失,都能切中时弊,论说合理。

王珪确论①　　魏徵刚直②

[注释]

①王珪(571~639):太原祁(今山西祁县)人。任谏议大夫,敢于直言。官至礼部尚书。

②魏徵(580~643):巨鹿曲城(今属河北)人。太宗时任谏议大夫,官至侍中,封郑国公。

[讲解]

王珪和魏徵都曾是原来太子李建成的心腹。李建成因与李世民争帝位,计划谋杀世民,最后反被世民所杀。唐太宗并不因为王珪、魏徵曾是自己政敌的部下而不信任他们,而是根据其德才,加以重用。由于他们二人都正直敢言,便先被任用为谏议大夫,后来他们和房玄龄等人一同辅政。

魏徵是我国历史上敢于诤言直谏的名臣。他一生劝谏唐太宗的奏章多达数十万字。他敢于讲真话，直言不讳地指出唐太宗的缺点与失误。他去世后，唐太宗感慨地说："我有三面镜子，以铜为镜，可以正衣冠；以古为镜，可以知兴替；以人为镜，可以知得失。现在魏徵去世，我失去一面镜子啊！"

德参陈谟^①　　玄素回天^②
惜多惭德　　礼乐未娴

[注释]

①德参：即皇甫德参，曾任中牟县丞，后为监察御史。陈谟：陈，陈述，诉说；谟，策略，计划。

③玄素（？~664）：即张玄素，蒲州虞乡（今山西永济东）人。官至邓州刺史。

[讲解]

唐太宗打算征集民工，修建东都洛阳宫殿。当时任中牟县丞的皇甫德参认为这是件劳民伤财的事，便上书陈说利害，文辞有些过头。唐太宗见到奏书，心中大怒，认为皇甫德参越级犯上，要处分他。魏徵得知后，认为皇甫德参很有见地，便替他解释，太宗才醒悟过来，便将皇甫德参提升为监察御史。

张玄素也上书劝谏唐太宗，尖锐地指责唐太宗是要学隋炀帝。唐太宗看了奏章，认真思考了一番，便下旨停修洛阳宫殿。魏徵听到这事，高兴地说："张玄素真有回天之力啊！"

唐太宗之弟李元吉是原太子李建成的一伙，与李建成一同被杀。唐太宗便夺了他的妻子为妃，十分宠爱，后来还想立她为后，被魏徵谏止。因此，后人多有议论，以为唐太宗道德有亏。

高宗莅治^①　　溺爱衽席^②

卒致妖后　　斩丧唐室

[注释]

①高宗（628~683）：即李治。太宗子。公元649年即位，在位三十四年。

②衽席：本指卧席，引申为睡眠之处，又为嫔妃的代称。《韩诗外传》："妾得侍于王，执巾栉，振衽席，十有一年矣。"

[讲解]

唐高宗李治即位以后，最初几年，他延续太宗的政策，修订法律，稳定西域，有贞观（唐太宗年号）遗风。但他身体不好，无法处理繁重政务，他的皇后武则天是个有政治头脑、聪明能干的女子，她帮助高宗处理朝政，十分得力，所以很受高宗信任。以后近三十年的时间，实际上高宗已把政务完全委托给武则天了。由于中国古代重男轻女的思想十分顽固，所以对武则天讲了很多不实之辞。这本《四字鉴略》称她为"妖后"，并根据一些稗官野史，贬低她的人品、政绩。

中宗久出^①　　得志淫荒

武氏则天^②　　以周易唐

[注释]

①中宗（656~710）：即唐中宗李显，唐高宗和武则天之子。高宗去世后即位，不久就被废为庐陵王。后武则天年老，又召回为皇太子。公元

705年复皇帝位，在位五年，被韦后毒死。

②则天（625~705）：即武则天，名曌（zhào），并州文水（今属山西）人，高宗皇后，参与朝政。高宗死后，她先后废去中宗、睿宗。改国号为周，自称圣神皇帝。中宗复位后，恢复唐朝国号。

[讲解]

唐中宗李显，继承皇位不过两个月，他的母亲武则天认为他懦弱无能，便将他废为庐陵王，赶出京都，另立李显的兄弟李旦为帝，即唐睿宗。但是却让他居于偏殿，不得干预朝政。由皇太后武则天临朝称制。公元690年，武则天改国号为周，自称圣神皇帝，降李旦为皇嗣。武周存在了十五年，武则天年老力衰，才召回中宗为皇太子，次年，在张易之的策划下，拥立李显复位。尊她为则天大圣皇帝，因而史称之为武则天。不久，她便去世了。

梁公精忠① 徐杜平恕②

[注释]

①梁公：即狄仁杰（607~700），太原人。武则天时两次出任宰相，封梁国公。谥文惠。以不畏强权著称，为一代名相。

②徐杜：即徐有功、杜景俭。徐有功（641~702），偃师（今属河南）人。曾任司刑丞，官至司仆少卿。杜景俭（？~约699），冀州武邑（今属河北）人。曾任司刑丞，后两任宰相。圣历元年（698）罢为刑部尚书，年余，因泄密贬并州长史，途中病卒。《新唐书》作"杜景佺"。据司马光考证，以为"佺"字系传抄笔误。

[讲解]

武则天即位以后，任命狄仁杰为地官侍郎同凤阁鸾台平章事，职务相当于宰相。他秉公办事，不徇私情。当时武氏家族权势极大，狄仁杰从不迁就。武则天曾打算立她侄子梁王武三思为太子，接替她为皇帝。狄仁杰据理力争，终于打消武则天立武三思的想法，而召回唐中宗为太子，为恢复唐朝打下基础。狄仁杰还善于发现和举荐人才，举荐张柬之等十几个人担任要职，后来历史证明，这些人都是正直有为的人才。

徐有功和杜景俭都担任过刑事官员，执法公正，为政宽恕。当时一同担任审案的还有来俊臣、侯思止两个出名的酷吏，他们罗织罪名、大兴刑狱、陷害无辜，受其迫害者达数千家。徐、杜二人常常在审案中为受害者平反昭雪。所以有谚语说："遇徐杜者生，遇来侯者死。"

柬之五王①　　卒返唐绪

[注释]

①柬之（625~706）：即张柬之，襄阳（今属湖北）人。狄仁杰死后继之为相，拥中宗复位，封汉阳郡王。

[讲解]

公元705年，武则天病重，她所宠信的佞臣张易之、张昌宗兄弟二人把守宫门，不准大臣入宫朝见。时任宰相的张柬之当机立断，会同敬晖、桓彦范、崔玄晖、袁恕己等五人谋迎太子庐陵王（即唐中宗），带领羽林军强行斩关入宫，诛杀张易之、张昌宗，拥中宗复皇帝位，迁武则天于上阳宫。十一个月后，武则天去世，享年八十二岁。张柬之等五位大臣，因恢复中宗皇位有功，都被封为郡王，却被罢其政事。而武则天之侄武三思与中宗韦皇后互相勾结，掌握了朝政大权。不过一年，张柬之等五人便被武三思先后迫害致死。但是不久武三思与中宗太子李重俊内斗，双双被杀。

睿开玄宗①　　励精求治

姚崇宋璟②　　张说九龄③

[注释]

①玄宗（685~762）：即唐玄宗李隆基，唐睿宗李旦之子。公元712年即位。在位四十九年。因其谥号为"至道大圣大明孝皇帝"，故又简称为"唐明皇。"

②姚崇（650~721）：陕州硖石（今河南三门峡南）人。武则天、睿宗、玄宗三朝为相。宋璟（663~737）：邢州南和（今属河北）人。睿宗、玄宗二朝为相。

③张说（667~730）：洛阳人。睿宗、玄宗二朝为相。九龄（678~740）：即张九龄，韶州曲江（今属广东）人。玄宗时为相。曾力主诛安禄山。

[讲解]

唐中宗是个懦弱无能的皇帝，复位以后，大权很快落入他的妻子韦皇后手里。她一心想学武则天当女皇，并纵容女儿安乐公主卖官鬻爵，横行霸道。最后，韦后索性毒死中宗，立其十六岁的儿子李重茂为皇帝，由韦后听政。这时唐睿宗被封为相王，为韦氏党羽和安乐公主所忌。韦氏谋杀睿宗，睿宗子临淄王李隆基敏锐果敢，率精兵突入宫中，斩韦皇后和安乐公主及其党羽，扶睿宗复位，贬李重茂为襄王、房州刺史。睿宗复位两年后便禅位给儿子李隆基。

李隆基当皇帝后，锐意进取，改革弊政，先后任用姚崇、宋璟、张说、张九龄等为相，使唐朝政治经济有了进一步发展。因为唐玄宗这时的年号为开元，所以史学家称这一段时间为"开元之治"，和唐太宗时的

"贞观之治"相提并论。

怀慎坐镇①　　韩休守正②
几致太平　　允称炽盛

[注释]

①怀慎（？~716）：即卢怀慎，滑州（今河南滑县）人。玄宗开元初为相，以俭朴廉洁著名。

②韩休（672~739）：京兆长安（今陕西西安）人。玄宗开元间为相，以方正直率、不畏权势著名。

[讲解]

玄宗开元年间，还有卢怀慎、韩休也是著名宰相。卢怀慎是个廉洁朴素的大臣，生活清苦。他虽然贵为宰相，可是他的妻子仍然穿着粗布衣服，其家住的地方非常简陋，每逢风雨，他只好拿张草席来遮挡。他的俸禄和皇帝赏赐的粮食，他大部分拿出来救济贫穷的亲戚和百姓。他任宰相时，自知才能不如姚崇，一切政务都听从姚崇裁决，所以有人说他是"伴食宰相"，只是坐镇在宰相位子上而已。

韩休为人耿直、不畏权势，常常直谏玄宗。有一次玄宗下旨要把万年县一个县尉流放到岭南去。韩休拒不执行，他说："一个小小县尉犯了一点小错，就流放他，那么朝中大奸大恶的人，更应先流放。"他指出金吾大将军程伯献的种种不法行为，说："如不流放程伯献，韩休绝不执行流放万年县尉的圣旨。"最后，玄宗终没能让韩休屈服。韩休常常规谏玄宗多勤政、少游宴。玄宗打猎或游宴歌舞稍有过头，韩休必上奏书劝谏。所以玄宗在游宴时常问侍臣："韩休知道吗？"果然不久，韩休的谏书便送来了。

由于这些贤相的帮助辅佐，玄宗即位后的二十多年，国家治理得很好。

天宝以后　　宵人秉权①
林甫腹剑②　　吉网罗钳

[注释]

①宵人：小人，坏人。《汉书·广陵王传》："毋侗好逸，毋迩宵人。"

②林甫（？~752）：即李林甫，唐朝宗室。由礼部尚书出任宰相，封晋国公，为相近二十年，权势极盛。

[讲解]

唐朝宰相正式职务名称叫"平章事""同平章事"。不是一人专任，而是数人同时任此职务，共同执政。韩休和张九龄去世后，李林甫便成为宰相之中资历最老、权势最重的宰相。李林甫是一个善耍权术、阴险毒辣的人，他为了巩固自己的地位，用种种手段打击排挤不顺从他的人。表面上对人友好，说话比蜜还甜，背地里暗加陷害，手段毒辣，所以人们形容李林甫为"口蜜腹剑"。吉温、罗希奭都是他的亲信，多次制造冤狱，陷害了很多人，凡被他们罗织罪名的，没一个人能逃脱横祸。所以人们称之为"罗钳吉网"（钳、网都是古代刑具的名称）。

李林甫利用玄宗宠信道教，写下了一篇《大唐嵩阳观纪圣德感应颂》的碑文。叙述道士孙太冲为玄宗炼成不老仙丹的经过，并选用上好石材，刻成巨碑，立于嵩阳观（今嵩阳书院）大门外。对玄宗极尽吹捧之能事，使玄宗渐渐沉湎于酒色游乐之中，朝中大权完全落入李林甫等奸相手中。唐玄宗又改年号为"天宝"。唐朝自此开始走下坡路。李林甫为后人所不齿，但其制"圣德感应颂碑"，由著名书法家徐浩书写，石材细腻，雕刻精美，虽历一千数百年，依然未被风化剥蚀，整体如新，而且碑身巨大，通高九米以上，为嵩山第一大碑，已成嵩山重要文物之一。

艳妃乱政①　　失国奔窜

[注释]

①艳妃：指杨贵妃（719~756），蒲州永乐（今山西永济）人，资质艳丽，能歌善舞，深受玄宗宠爱。

[讲解]

唐玄宗晚年，非常宠爱贵妃杨玉环。杨贵妃一家人因此而得势，她的几个姐妹，都被封为国夫人，堂兄杨国忠更是炙手可热。杨国忠原名杨钊，本是蜀地一小吏，来京投靠堂妹，深受玄宗信任，赐名"国忠"，不数年升为御史中丞，与李林甫争权结仇，李林甫死后，他继李林甫为相，结党营私，贿赂公行。北方少数民族出身的将领安禄山，他设法走杨氏门路，当了杨贵妃的干儿子，取得玄宗的信任，得以身兼北方三镇节度使要职。后来安禄山与杨国忠产生矛盾，遂于天宝十四年（755）起兵造反，以讨杨国忠为名，统精兵十五万，从范阳（今北京）南下，次年占领洛阳，在洛阳称皇帝，国号大燕。不久，破潼关，攻陷唐朝京都长安。唐玄宗带了杨贵妃、杨国忠等一批朝官，匆匆向西蜀逃走。走到马嵬坡（今陕西兴平西），随驾将士不肯前进，要求杀死祸国殃民的宰相杨国忠和杨贵妃。他们杀死杨国忠之后，又逼玄宗交出杨贵妃，将她缢死在一座庙内。玄宗留下太子李亨负责讨伐安禄山，自己带了一批人逃往西蜀去了。

皇子肃宗^①　　灵武收兵

子仪光弼^②　　克复二京

[注释]

　　①肃宗（711~762）：即李亨，玄宗子。公元756年即位，在位六年。

　　②子仪（697~781）：即郭子仪，唐大将。华州（今陕西华县）人。平定安禄山、史思明叛乱，功居第一，官中书令，晋封汾阳郡王。谥忠武。光弼（708~764）：即李光弼，唐大将。营州柳城（今辽宁朝阳南）人。契丹族。与郭子仪并称"郭李"，因战功封临淮郡王。

[讲解]

　　唐玄宗逃向西蜀以后，他的儿子李亨也西逃到灵武（今宁夏灵武西北）。他自立为皇帝，尊玄宗为太上皇，任命其子广平王李俶为天下兵马元帅，郭子仪、李光弼先后任副元帅。调动国内兵马，又向少数民族回纥（hé）借兵，平定安禄山叛乱。

　　这时安禄山叛军发生内乱，安禄山被他的儿子安庆绪所杀，同时安禄山的重要将领史思明也和安庆绪分裂，拥兵割据于范阳。郭子仪乘机挥兵东下，李光弼也从太原出击。不久，便克复了西京长安和东京洛阳。安庆绪逃往邺郡（今河南安阳）。肃宗回到长安，玄宗也从西蜀回来，被肃宗安排住于兴庆宫。

惜无远谋　　专任辅国①
朝恩观军②　节度擅立

[注释]

①辅国（704～762）：即李辅国，宦官。肃宗时窃居兵部尚书，代宗时又任中书令加司空。跋扈一时，后被代宗刺杀。

②朝恩（722～770）：即鱼朝恩，宦官。官至观军容使等职，贪污骄横、干预政事，后被缢死。

[讲解]

宦官李辅国在灵武时，曾劝肃宗即皇帝位，因拥立有功，回到西京长安以后，权势更大，直升至兵部尚书。另一个宦官鱼朝恩被任命为观军容宣慰使，去前线监督郭子仪、李光弼等。郭子仪被鱼朝恩诬陷，免去职务。各节度使人心溃散。史思明乘机攻占东都洛阳，李光弼率部下过了黄河，退守河阳（今河南孟州境内）。其他节度使因痛恨宦官当权，渐渐各自为政，不听中央号令。

代宗平乱①　　能诛三宦
将任番戎　　藩镇为患

[注释]

①代宗（727～779）：即唐代宗李豫。原名李俶，后改名。公元762年即位，在位十八年。

[讲解]

公元762年，太上皇唐玄宗和皇帝唐肃宗先后去世。太子李豫即位，即唐代宗。唐代宗是被宦官李辅国、程元振拥立为帝的。为示褒奖，他任命李辅国为司空兼中书令，使之成为中国历史上惟一的正式当宰相的宦官。但李豫绝不甘心当宦官的傀儡，于是巧妙地利用程元振和李辅国争权的机会，先派人刺杀李辅国，又将程元振免职流放，最后又逼鱼朝恩自缢，剪除了三个窃取国家大权的宦官。

这时叛军内部也出现了分裂。公元759年，史思明引兵南下，杀死安庆绪，统一叛军，自称大燕皇帝，至761年又被其儿子史朝义所杀。安禄山、史思明的一些老部下，不甘心屈从史朝义，纷纷倒戈，投降唐朝。史朝义越来越孤立，最后兵败自杀。从755年安禄山发动叛乱，至763年史朝义自杀，长达八年的"安史之乱"终于平息。"安史之乱"虽然平定下来，但是集地方军政大权于一身的节度使，坐镇一方，不听中央号令。藩镇割据的局面日趋严重。

吐蕃入寇①　　中原咸忧

郭公免胄　　回纥方休

[注释]

①吐蕃（tǔ bō）：公元7~9世纪藏族所建政权，存在二百余年，共传九代，后因其统治阶层分裂和奴隶起义而瓦解。唐初其领袖松赞干布、弃隶缩赞与唐文成公主、金城公主联姻，与中原经济、文化联系密切。

[讲解]

曾任朔方节度使的铁勒族人仆固怀恩，原是郭子仪的部将，后来叛变唐朝，常引吐蕃和回纥军队入侵内地抢掠。公元765年，仆固怀恩纠结吐蕃、回纥军三十万人入侵，京师震动。朝廷派郭子仪领兵往前线增援退敌。郭子仪到达前线，听说怀恩突发急病暴卒，吐蕃和回纥双方争领导权出现矛盾。郭子仪过去讨伐安禄山时曾向回纥借兵,与回纥首领交情深厚,便派一员部将前去劝回纥退兵。回纥首领听了后十分惊讶,说:"仆固怀恩说郭令公已去世,皇帝也死了,中原无主,骗我们出兵。如果郭令公还在,我们绝不敢背叛。"希望能见郭子仪一面。郭子仪便决定亲自去回纥营寨相见。为示诚信,他只带了几个随从。到了回纥营门,他除去头盔铠甲,放下武器,昂然而进。回纥首领和各部酋长一见郭子仪,就拜伏于地,说是上了仆固怀恩的当。郭子仪把他们扶起,一同入帐饮酒。结盟叙旧,准备合兵夹击吐蕃。吐蕃听到消息,连夜退兵逃走了。史称这件事为"郭子仪单骑退回纥"。

德宗初政① 闻风仰慕
后用卢杞② 奸邪流祸

[注释]

①德宗(742~805):即唐德宗李适(kuò),代宗子,公元779年即位,在位二十五年。

②卢杞(?~785):滑州灵昌(今河南滑县)人。德宗即位第二年任宰相。陷害杨炎、颜真卿等人。苛征暴敛,百姓怨恨。后被贬而死。

[讲解]

唐德宗即位后,曾经决心改革朝政,抑制藩镇势力,做个英明帝王。因而人们对他曾寄托很大希望。不久,他任用卢杞为相。这卢杞面貌丑陋,皮肤青黑色,能言善辩。他当宰相后,排挤陷害反对他的大臣。著名的书法家,德高望重、正直敢言的太师颜真卿,尤其使他害怕。后来淮南节度使李希烈叛乱,卢杞明知李希烈凶暴残忍,却花言巧语说必须有一位极高威望的大臣去宣抚劝谕,才能使李希烈归顺朝廷,便推荐颜真卿前往招降。结果，颜真卿被李希烈所杀。后来，大将李怀光上书言卢杞罪行，德宗不得已才将卢杞贬出京城。此时，各地节度使纷纷割据，朝廷政令不行。德宗为了抑制藩镇势力，减削将领兵权，任用了两个宦官统帅禁军。此例一开，禁军统帅成了宦官的专利。

顺宗喑疾①　　传子开泰
宪宗英武②　　克平淮蔡

[注释]

①顺宗（761~806）：即唐顺宗李诵，德宗子。公元805年即位，半年后禅位于太子李纯。

②宪宗（778~820）：即唐宪宗李纯，顺宗子。公元805年即位，在位十五年。

[讲解]

唐顺宗患有风疾，行动不便，并且失音沙哑。尽管如此，他即位以后，任命王叔文、王伾、刘禹锡和柳宗元等十人担任要职，进行改革，贬去贪官京兆尹李实，罢去扰民的宫市，后来又筹划夺取宦官的兵权。宦官借口他身体不好，迫他禅位给太子李纯。改革遂告失败。

宪宗李纯是个比较英明的皇帝。他即位后对根深蒂固的宦官势力暂时妥协，集中力量对付藩镇。他首先整顿了江淮财政，增加国家财政收入，又利用藩镇之间的矛盾，先后削平几处叛乱。特别是淮西节度使吴元济，割据蔡州（今河南汝南），四出焚掠，为害极大。宪宗用宰相裴度督师，以李愬为大将，前往讨伐。李愬设计先擒获吴元济几员大将，劝说他们归降，又用他们为前导，趁大雪夜袭蔡州，活捉吴元济。这就是有名的"李愬雪夜袭蔡州"。

李绛裴度①　　吉甫黄裳②
唐之威令　　几于复张

[注释]

①李绛（764~830）：赵郡赞皇（今属河北）人。宪宗时任宰相，性耿直，敢于规谏。文宗时出任山南西道节度使，遇兵乱被杀。裴度（765~839）：河东闻喜（今属山西）人。历任宰相，力主削除藩镇。因平吴元济功，封晋国公。后为东都留守。

②吉甫（758~814）：即李吉甫，赵郡（今河北赵县）人。曾策划讨平几处藩镇叛乱，两任宰相。黄裳（738~808）：即杜黄裳，京兆万年（今陕西西安）人。唐德宗时为宰相，宪宗时力主削弱藩镇势力。后出任河中、晋、绛等州节度使。封邠国公。

[讲解]

唐宪宗先后任用杜黄裳、李绛、裴度、李吉甫这些力主削弱藩镇势力的人为宰相，平定了几处藩镇叛乱。特别是平定蔡州吴元济后，河北藩镇大惧，纷纷表示要服从朝廷，唐代藩镇割据的局面暂告结束。可惜宪宗晚年过分迷信佛教，企求长生不老，结果被宦官杀死。朝廷又形成了宦官专政的局面。

穆宗蒙业①　　牛李相倾②
河朔再失　　不可复兴

[注释]

①穆宗（795~824）：即唐穆宗李恒，宪宗子。在位四年。

②牛李：即牛僧孺、李德裕。牛僧孺（779～847），安定鹑觚（今甘肃灵台）人。贞元进士，历任节度使、兵部尚书同平章事。为牛李党争中牛派首领。武宗时李德裕为相，被贬为循州长史，宣宗时召回，不久病卒。李德裕（787～850），赵郡（今河北赵县）人，前宰相李吉甫子，曾于文宗、武宗朝两次为相，宣宗时受牛党打击，贬崖州（今海南）。

[讲解]

唐穆宗被宦官拥立为帝，只好听任宦官摆布，过着醉生梦死的生活。朝廷内部，宰相牛僧孺和另一派首领李德裕因政见不同，互相倾轧。这场党派之争，从穆宗开始，延续了近四十年。史书称之为"牛李党争"。各地藩镇看到朝廷腐败，大臣互相攻讦，渐渐不听中央号令，各自为政，再行割据。河朔三镇节度使相继背叛，割据一方。河朔之地再次摆脱了唐朝的控制。

敬宗初立①　　优纳贤臣
继比群小　　弑于克明

[注释]

①敬宗（809～826）：即唐敬宗李湛，穆宗太子。公元824年即位，在位不满三年就被宦官杀害。

[讲解]

敬宗即位之后，一度因逸言调离裴度，再次任命其为宰相时，宦官势力已成尾大不掉之势，敬宗只能在其摆布下嬉戏游乐。宝历（敬宗年号）二年冬十二月的一天夜晚，宦官刘克明和陪同敬宗打毬的军官苏佐明等，因受敬宗责打而怀恨在心，趁陪同敬宗夜饮之机，忽然灭去殿上烛火，将敬宗当场缢死，随后，又假传敬宗遗诏，以绛王李悟入宫摄政。刘克明想把当权的宦官换成自己人，触怒了有兵权实力的宦官王守澄等人。于是王守澄等迎江王李涵入宫即帝位，调动左右神策军、飞龙军进讨贼党，刘克明等被杀，绛王也死于乱军之中。江王李涵改名李昂，遂即皇帝位。

文宗嗣位① 优柔少断
宦官专政 甘露生变

[注释]

①文宗（809~840）：即唐文宗李昂，穆宗子，敬宗弟。在位十四年。

[讲解]

唐文宗虽然是被宦官拥立为帝的，但他非常痛恨宦官专权，对朝内牛、李两派激烈党争也很反感。所以，他陆续排斥了牛、李两派的几个高官，又利用宦官内部的派系纷争，让人毒死王守澄。最后，又和宰相李训、节度使郑注等密谋，以左金吾卫内的石榴树上天降甘露为名，诱使掌权宦官仇士良等前往观看，然后伏兵将他们一网打尽。结果仇士良等发现伏兵，迅速退走，劫帝还宫，点禁兵逮杀李训等人，株连达千余人。郑注从凤翔带兵入京，中途闻李训已败，急忙退兵，被监军太监张仲清杀害。史书称这一事件为"甘露之变"。此后，文宗事实上已为宦官软禁。

武宗敏达① 委任智勇
克取太原 惜年不永

[注释]

①武宗（814~846）：即唐武宗李炎，穆宗子，敬宗弟。公元840年

即位，在位六年。

[讲解]

唐文宗去世后，宦官仇士良又拥立敬宗的兄弟颖王李炎即位。唐武宗李炎亲眼看到宦官的凶狠残暴，表面上对仇士良很恭顺，实则很为憎恨。不久，仇士良病死，武宗下旨抄没仇士良家产，对宦官势力有一定抑制。他又任用支持抑制宦官势力和削弱藩镇割据的李德裕为相，先后击败企图割据上党（今山西长治）、泽州（今山西晋城）一带的刘稹，又平定了河东都将杨弁在太原的叛乱，对藩镇势力进行了有力的打击。同时，对于一度泛滥无序的佛教也作了整顿，拆毁一些滥建佛寺，勒令僧尼还俗多达二十六万余人。可惜唐武宗三十三岁时就病故了。

宣宗明察① **称小太宗**

懿宗骄奢② **僖宗幼冲**③

[注释]

①宣宗（810~859）：即唐宣宗李忱，宪宗第十三子，武宗之叔。在位十三年。

②懿宗（833~873）：即唐懿宗李漼（cuǐ），宣宗子，在位十四年。

③僖宗（862~888）：即唐僖宗李儇（xuān），懿宗子，在位十五年。

[讲解]

武宗病重时，宦官专权拥立武宗的叔父光王李忱为皇太叔。武宗去世后继位，为唐宣宗。宣宗比武宗年龄还要大一些，即位时已三十七岁，多年任藩王，使他能以旁观者身份观察朝廷政局，头脑比较清醒。他即位后，免去了李德裕的宰相职务，结束了存在多年的牛李党争。又平息了几处藩镇叛乱；安抚有功于唐室的回纥部落首领，加以策封；趁吐蕃内乱之机，收复了被吐蕃占领的秦、原、沙、瓜等州，一时声威大振，被人称为"小太宗"。

到了晚年，宣宗迷信道士、追求长生不老，于是步唐穆宗的后尘，吃"长生药"中毒而死。他的儿子懿宗继位，是个酒色皇帝，过着骄横奢侈的日子，四十一岁时去世。懿宗十二岁的儿子继为皇帝，唐朝国势已衰弱到随时可能崩溃的边缘了。

委任令孜①　　盗起莫支

[注释]

①令孜（？~893）：即田令孜，宦官，西蜀人。僖宗时官至神策军中尉、左监门大将军，权倾一时。后来自任西川监军使，入川后，被割据于西蜀的王建杀死。

[讲解]

唐僖宗，即位时还是个小孩子，终日游玩嬉戏，朝政都交给田令孜去处理，并称田令孜为"阿父"。这时，广大农民受宦官、藩镇层层剥削压迫，民不聊生，被迫揭竿而起。在河南长垣首先爆发了王仙芝领导的农民起义，很快聚众数万。第二年，曹州（今山东菏泽）人黄巢也起兵响应，势力迅速壮大，全国震动。公元878年，王仙芝在黄梅（今属湖北）战死，黄巢被推为起义军领袖，自号冲天大将军，率军南征，从山东、河南出发，一直打到广州，接着又回师北上，回到河南，准备问罪长安。

克用殉国①　　黄巢乃夷

[注释]

①克用（856~908）：即李克用，沙陀部落领袖朱邪赤心之子。赐姓

李,参加镇压黄巢的战争。后被任命为河东节度使,又被封为晋王。其子存勖建立后唐,他被尊为太祖。殉国:此处的"殉",义为保卫,不作牺牲生命解。扬雄《太玄经》:"躬殉国也。"晋范望注:"殉,卫也,勤力之家,以身卫国也。"

[讲解]

公元880年年底,黄巢率大军六十万攻入潼关。公元881年一月八日,进入长安城。田令孜挟僖宗逃往成都。黄巢进入长安后,即皇帝位,国号大齐,唐朝文武官员数十人投降。唐兵无力与黄巢抗衡,便任命沙陀部首领李克用为代州刺史,召他出兵镇压黄巢起义军。这时黄巢部将朱温在宦官利诱下叛变投唐,被僖宗赐名朱全忠,与李克用夹击黄巢。公元883年,李克用部队攻入长安,黄巢军东撤。第二年,黄巢在山东泰山东南狼虎谷兵败自杀。至此,长达十年之久的唐末农民起义宣告失败。

至于昭宗①　　崔胤召兵②

宦官虽戮　　卒弑于温③

[注释]

①昭宗(867~904):即唐昭宗李晔,懿宗子,僖宗弟。在位十五年,为朱温所杀。

②崔胤(?~904):清河武城(今属山东)人。宰相崔慎由之子。在朱温庇护下当上宰相,后得罪朱温,被杀。

③温(852~912):即朱温,宋州砀山(今属安徽)人。原为黄巢部将,后降唐,赐名朱全忠,历官节度使,进封梁王,后篡唐称帝。国号梁,建都开封,改名朱晃,在位六年,为其子朱友珪所杀。庙号太祖。

[讲解]

黄巢起义军被镇压后,藩镇势力越发强大,其中最大的两股势力就是李克用和朱温,他们互相攻杀,连年不止。崔胤因和朱温关系密切,在朱温支持下,当上宰相,他大权在握,与势力庞大的宦官集团争权,产生严重矛盾,宦官想除去崔胤,崔胤也密谋诛杀宦官,致书于朱温,让他出兵赴长安诛灭宦官。其事被宦官侦知,宦官、神策军中尉韩全晦便将昭宗劫往凤翔府,投靠与朱温有矛盾的节度使李茂贞。朱温兵至凤翔,李茂贞惧怕朱温兵马众多,欲与朱温和解,遂杀韩全晦,向朱温谢罪。朱温迎昭宗回长安,趁机杀宦官数百人。至此,唐代宦官统兵和干预朝政的局面遂告终结。但朱温的野心日渐暴露,昭宗被迫封他为梁王。不久,朱温杀死崔胤,强行迁昭宗于洛阳,随后又将昭宗杀掉。

末帝昭宣[①]　　**天命去唐**

册宝用奉　　**竟禅于梁**

[注释]

①昭宣:即唐哀帝李柷,昭宗子。在位三年,被迫禅位给朱温。

[讲解]

朱温在洛阳弑死唐昭宗,立李柷为帝。李柷时年十三岁,朝中大权实际都落入梁王朱温手中。三年后,朱温迫李柷禅位。公元907年,朱温即皇帝位,国号大梁,定都开封,称为东都,洛阳为西都。废李柷为济阴王,不久又把他杀掉。唐朝至此遂亡,共传二十帝,历时二百九十年。

朱温七年　　为子所弑
友贞灭珪①　姻党依势
唐兵伐之　　友贞自戮

[注释]

①友贞：朱友贞（888~923），朱温第四子。朱温被庶子朱友珪弑死，友贞起兵杀友珪后称帝，改名朱瑱，史称后梁末帝。

[讲解]

朱温虽然当了皇帝，却无力统一中国。他的老对头晋王李克用，一直占据着河东广大地区，仍然沿用唐朝年号，与朱温不断交兵。李克用死后，他的儿子李存勖继晋王位，势力有增无减。公元912年，朱温亲自统兵与晋军大战于涿州（今属河北）一带，遭受重挫，连夜烧营逃走。朱温逃回洛阳，惭愤交集而得病，被其子朱友珪杀死。朱友珪自立为帝，骄横荒淫，引起内外愤怒。朱温第四子均王朱友贞和朱温的外甥袁象先、女婿赵岩等密谋诛友珪，由袁象先引禁军数千人，突入洛阳宫中。友珪与其妻等均自杀。于是朱友贞在开封即皇帝位。袁象先、赵岩等均有升赏。赵岩因诛友珪有功，骄横跋扈，奢侈腐化，梁亡后被杀。朱友贞当了九年皇帝，李存勖部李嗣源攻破开封时，友贞已自杀，梁朝遂亡。

梁自朱温称帝，至友贞自杀，共历三帝，前后仅十七年。由于南朝已有个梁朝，所以朱温建立的梁朝，被称为后梁。

后唐庄宗①　　英武特出
击燕灭梁　　父命不辱

[注释]

①庄宗（885~926）：即后唐庄宗李存勖，李克用长子。公元923年在洛阳称帝，在位三年，因兵乱被杀。

[讲解]

沙陀部首领李克用被唐昭宗封为晋王，后来朱温灭唐朝，李克用一直割据于太原，奉唐朝年号。李克用去世时，曾交给他儿子李存勖三支箭，让他完成三件事：一是讨伐叛将刘仁恭，二是击契丹，三是灭朱温。李存勖继晋王位之后，便努力去实现父亲的遗志。公元913年，他亲自统兵北伐，灭掉自称"大燕皇帝"的刘守光，擒斩依附刘守光的叛将刘仁恭。公元922年又亲征契丹，大败契丹兵，迫使其退兵求和。公元923年初，李存勖即位称帝，随之又灭掉朱温创建的梁朝，实现了李克用的三个愿望。李存勖善于作战，而不善治国。他即帝位后，为政苛酷、滥用民力、听信谗言、残杀功臣，激起各地兵变，在洛阳兵变中被流矢射中而死。

明宗皇帝①　　克用养子
每夕祝天　　愿生圣主

[注释]

①明宗（867~933）：即后唐明宗李亶。原名嗣源，称帝后改名。克用养子，勇猛善战，官至蕃汉内外马步军总管。庄宗被杀后，称监国，后

称帝。

[讲解]

　　李嗣源原是李克用的部将，十七岁即以勇武善战被克用收为养子，赐名嗣源。后唐庄宗时，李嗣源统帅全军。后来魏州兵变，庄宗让他前往平乱，结果反被乱军拥为首领。不久，洛阳又发生兵变，庄宗在洛阳被乱兵所杀。他率兵赴洛阳平乱，被推为监国，不久，又被拥立为帝。他在位期间社会比较安定，生产也有发展。他是个文盲，所有奏章，全靠文臣读给他听。他每天晚上都要向上天烧香祈祷，大意说："我本是胡人，遇到天下动乱，被人推上帝位，可实在干不了这个。愿上天早早降生圣人，把天下治理好。"

闵帝宽柔[①]　　废于潞王

从珂未几[②]　　焚死唐亡

[注释]

　　①闵帝（913~934）：即后唐闵帝李从厚，明帝第三子。即位仅三个月，被潞王李从珂杀害。

　　②从珂（885~936）：本姓王，被唐明宗收为养子，封潞王，任河中节度使。夺闵帝位，在位两年，被石敬瑭战败，自焚死。史书又称他为后唐末帝。

[讲解]

　　明宗病重时，宋王李从厚被请到京师洛阳，不久，继明宗为帝。他优柔寡断，即位仅三个月，潞王李从珂便领兵攻入洛阳，夺了他的帝位，将他废为鄂王，旋被杀。唐明宗的女婿石敬瑭，任河东节度使。李从珂和石敬瑭互相猜疑，各怀戒心。公元936年，李从珂调石敬瑭为天平节度使。石敬瑭便借北方契丹兵马造反，攻占洛阳。李从珂自焚而死。后唐遂亡。

后唐自李存勖称帝至李从珂自焚，共历四帝，享国十四年。

晋祖敬瑭①　　借兵契丹②
重贵既执③　　国遂属汉

[注释]

①敬瑭（892~942）：即后晋高祖石敬瑭。太原人，后唐明宗婿，灭唐称帝。在位七年。

②契丹：我国东北一个游牧民族的名称，公元916年其首领阿保机（872~926）统一各部，建立契丹国，领土东北至黑龙江，西至蒙古国中部，南至今河北霸州、山西雁门关一带。947年攻下开封，改国号辽，旋即退回东北，1125年为金国所灭。

③重贵（914~?）：即石重贵，后晋出帝，又称少帝。石敬瑭侄，过继为子。在位四年，后晋亡。

[讲解]

石敬瑭向契丹借兵反后唐，条件是答应向契丹称臣。后唐灭亡后，契丹主便册立石敬瑭为"大晋皇帝"，定都开封。而石敬瑭遂尊契丹主为"父皇帝"，自称"儿皇帝"，并割燕云十六州给契丹，每年向契丹进贡帛三十万匹。石敬瑭死后，石重贵继为帝。他骄奢淫逸，任用非人，以致怨声载道，民不聊生。契丹大军多次深入内地，烧杀抢掠，公元947年攻入开封，俘获石重贵，押送黄龙府（今吉林农安）。石重贵后来竟不知所终。至此，后晋遂亡，共历二帝，享国十一年。

后汉知远①　　传子承祐②

嬖幸擅权　　天命不佑

[注释]

①知远（895~948）：即后汉高祖刘知远。祖上为沙陀部人，世居太原。后晋时封北平王。后晋亡后称帝。在位一年病卒。

②承祐（931~950）：知远子。继刘知远为帝，在位两年，郭威破开封，被杀。谥隐帝。

[讲解]

公元947年后晋灭亡后，驻守太原的河东节度使刘知远趁机称帝，仍沿用后晋年号。同年契丹主在开封改国号大辽，不久便返回辽东。刘知远随后进入开封，宣布改国号为汉，正式即皇帝位。一年以后，刘知远病卒，其子刘承祐继为皇帝。刘承祐是个花花公子，自幼养尊处优，只知吃喝玩乐，当了皇帝后更是为所欲为。苏逢吉、李业等一班奸臣恃宠弄权，谋杀了开国元勋史弘肇和宰相杨邠两位顾命大臣，又准备派人刺杀驻守在外、任邺都留守的另一位顾命大臣郭威。郭威得到消息，以辩冤为名，起兵杀向京师开封。一路上州县望风归顺。不到十天，大兵已到开封城下。苏逢吉劝刘承祐御驾出城亲征。朝中禁军大部分反戈投降郭威，刘承祐被乱军所杀，苏逢吉自尽。后汉共传二帝，仅四年而亡。

周主郭威①　　将士推立

[注释]

①郭威（904~954）：邢州尧山（今河北隆尧）人。军卒出身，骁勇

善战。后汉时历任枢密使、邺都留守等职。灭汉建立周朝，史称后周，在位三年，庙号太祖。

[讲解]

公元950年冬天，郭威攻破开封，被众将拥立为帝，改国号周，史称后周。北方社会因连年战争，经济崩溃，土地荒废，郭威即位后鼓励农民开荒占地以为永业，百姓得以休养生息，社会逐渐安定。他并提倡节俭，临终又下遗令，陵寝修筑不得豪华，以瓦棺纸衣入殓。古代帝王陵墓习俗修建豪华庞大，以示威严。郭威一反常规，故多为后人称道。其墓史称"嵩陵"，在今河南新郑郭店附近，至今保存完好，不过据史书记载，墓前原有石碑一通，载其遗令于上。今石碑已不存。

世宗柴荣①　　五代贤君
恭帝嗣位②　　周统用讫

[注释]

①世宗（921~959）：即周世宗柴荣，亦称柴世宗。郭威养子。公元954年继郭威为帝，在位六年，被称为五代最贤明的君主。

②恭帝（953~973）：即周恭帝柴宗训。柴荣子，公元959年六月即位，时年七岁。次年禅位于宋太祖赵匡胤。

[讲解]

柴荣是郭威原配妻子柴氏的侄儿。郭威无子，收他为养子，并传位于他。柴荣被后世学者们称为五代最英明的皇帝。他即位以后，大刀阔斧地革除唐朝以来的政治弊端，清吏治，选人才，修订刑律和历法。在经济上兴修水利，恢复航运，实行均田赋，奖励农耕政策。并废除寺院三万多所，勒令大批僧尼还俗，从事农业生产。又振兴文教，完善科举制度，搜救图籍佚书，开启雕版印书的先河。军事上又整禁军，选良将，治骄将惰卒，走富国强兵之路。他多次用兵，取得江北淮南十四州富庶之地，收复了被后蜀占领多年的秦、凤、阶、成四州，夺回被契丹占领的燕北三州，壮大了中原力量，削弱了割据势力，为统一中国创造了条件。

可惜的是柴荣在北伐途中忽染重病，只好退兵回到京都，不久病死。他七岁的儿子柴宗训继位为帝。军权落入殿前都点检赵匡胤手中。赵匡胤率军北征，在陈桥驿发动兵变，被拥立为帝，取后周而代之。后周自郭威称帝算起，共历三帝，十年而亡。

从公元907年朱温篡唐建立梁朝起，到公元960年后周灭亡止，共五十多年，经历了梁、唐、晋、汉、周五个朝代。所以这段历史被称为"五代"；同时又因除了中原被这五个朝代统治外，还有南唐、吴越、北汉、南汉、荆南、楚、吴、前蜀、后蜀、闽等十个小国先后偏安一隅，所以又被合称为"五代十国"。

宋祖匡胤①　　英明仁断
陈桥推戴②　　削平僭乱

[注释]

①匡胤（927~976）：即宋太祖赵匡胤。涿州（今属河北）人，出生于洛阳。后周时为殿前都点检，发动陈桥兵变。代周称帝。国号宋，都开封。在位十六年。

②陈桥：即陈桥驿，原在黄河南，后因黄河改道，已移至黄河北岸封丘县境。

[讲解]

宋太祖赵匡胤是一位英武善战的将军，极受柴荣信任，任统帅中央禁军的殿前都点检。公元960年,赵匡胤带兵出征北汉,行到陈桥驿,在其部下赵普、石守信等策划下,黄袍加身,被拥立为帝,回师开封,逼使周恭帝禅位,建立了宋朝。赵匡胤即位后,先后平定了荆南、后蜀、南汉、南唐、吴越等国,只剩下北汉还占据着河东一隅。所以可以说,赵匡胤基本结束了五代十国的割据局面。

崇儒爱民　　文武辅治
温叟清介①　赵普刚毅②

[注释]

①温叟(909~971):即刘温叟,河南洛阳人。后周时任礼部侍郎,宋时官御史中丞。以清廉耿介著名。

②赵普(922~992):幽州蓟(今天津蓟县)人。赵匡胤部下主要谋士,宋朝建立后两次出任宰相。封梁国公。

[讲解]

赵匡胤当了皇帝后,非常重视儒治,尊重儒士,提倡儒家的道德礼制。他吸取了五代时期拥有兵权的大将篡夺皇位的教训,与赵普定策,宴请禁军高级将领,以高官厚禄、荣华富贵为条件,劝他们解除兵权。历史上称之为"杯酒释兵权"。以后,用文官代替节度使管理地方行政,并统一由中央任命,节度使成为有职无权,领取高额俸禄,过着优越生活的荣誉职务。从而加强了中央集权,保证了政权的稳定。

宰相赵普向赵匡胤举荐刘温叟,说刘温叟是个清廉正直、深通礼法的人才,应当重用。一连上了几次奏章,赵匡胤不加理睬。赵普仍不肯罢休,继续举荐,终于使赵匡胤明白刘温叟是一个难得的人才,任用刘温叟为御史中丞,负责监察各级政府官员。

曹彬治兵①　　窦仪端慎②

[注释]

①曹彬（931~999）：真定灵寿（今属河北）人。北宋大将，官至枢密使。卒后赠中书令，追封济阳郡王。谥武惠。

②窦仪（914~976）：蓟州渔阳（今天津蓟县）人。官至礼部尚书兼判大理寺。精通法律，曾主持重订《刑统》。

[讲解]

曹彬是宋初名将，他统帅的军队纪律严明，被称为"仁义之师"。他作为主帅，统兵灭南唐，包围了南唐京都金陵。破城前夕，曹彬忽然称病。众将都来问安，他才说患的是心病，怕城破之日，乱兵烧杀无辜。众将齐声保证不妄杀一人，曹彬这才升帐，颁布禁暴令，然后下令攻城。

窦仪学识渊博，遵守法纪。后周时，赵匡胤领兵攻下南唐要镇滁州。柴荣派窦仪来滁州清点缴获的南唐物资。赵匡胤见有不少布匹，想到天渐冷，士兵无冬衣，便与窦仪商议，要取一批布给士兵做冬衣。窦仪说："在未清点登记前，您作为统帅，可以自由支配缴获物资，现在一经登记，即为国家财产，没有皇帝旨意，是不能动用的。"拒绝了赵匡胤的要求。赵匡胤十分欣赏窦仪这一优点，称帝之后，让窦仪主持修订宋朝法律《宋刑统》。赵匡胤对窦仪也是以礼相待，凡遇窦仪来见，他一定要穿上皇帝礼服后才接见他。《三字经》里有"窦燕山，有义方，教五子，名俱扬"，窦燕山即窦仪的父亲窦禹钧。他非常重视家教，办起私塾，聘请名师，不仅教育子弟，他也主动让附近贫寒人家子弟来免费附读，培养出不少人才。他的五个儿子都学业有成，被人称为"窦氏五龙"。

太宗光义①　　恭俭恕仁
受兄顾命　　可云守成

[注释]

①太宗（939~997）：即宋太宗赵光义，太祖弟。初封晋王。公元976年继帝位，在位二十二年。

[讲解]

据史书记载，赵匡胤的母亲杜太后临终时，鉴于前朝很多皇帝年幼无功，而被功勋大臣篡位，遗命赵匡胤传位于其弟赵光义，然后再传给匡胤之子。宋太宗赵光义原名匡义。因匡胤当了皇帝，故避讳改名光义。他是个比较俭朴敦厚的人，即位以后，基本上执行了赵匡胤制定的政策，迫使虽已降宋，但仍割据一方的吴越国王取消国号，接着又亲征北汉，将其灭掉，消灭了五代十国时遗留下的最后两股势力。国内政局安定，生产有所发展。他广为选拔人才，选派大臣主持编纂了《文苑英华》《太平御览》《太平广记》等重要类书，在文化史上做出了贡献。

弟侄不禄　　斧声生议

[讲解]

由于杜太后有"先传弟，再传子"的遗言，而赵光义未能履行这个遗言，却将皇位传给了自己的儿子，便引起了后人的猜测疑问。

赵匡胤的儿子赵德昭，公元981年，随太宗征辽，因在军中被太宗训斥而自杀。赵光义的弟弟赵廷美，则于公元984年死去。由于他们都在宋太宗去世前死去，后人议论起来，怀疑赵匡胤也是赵光义杀死的。野史上曾有记载说：赵匡胤病危，召赵光义到病榻前密谈。侍卫们在门外守候，见室内烛影摇动，又听到有斧劈之声。不多时，赵光义出来，宣布继承帝位，赵匡胤便去世了。于是给后人留下一个"烛影斧声"的千古疑案。

齐贤御戎① 杨业无敌②

[注释]

①齐贤（943~1014）：即张齐贤，曹州冤句（今山东菏泽西南）人。太宗时进士，历任谏议大夫、工部侍郎。真宗时任兵部尚书，出任宰相。

②杨业（？~986）：麟州（今陕西神木）人。青年时至太原，遂为太原人，后为北汉刘崇部将，任建雄军节度使，后归宋，为北宋名将。

[讲解]

五代时，北方少数民族契丹逐渐壮大，后来改号辽国，与宋朝连年交战不止。

太宗时，名将杨业担任知代州兼三交驻泊兵马都部署，镇守北方门户。于雁门关大破契丹兵，后率兵收复云、应、寰、朔四州。号称"杨无敌"。后来因主帅潘美和监军王侁错误指挥，使他孤军陷于山中，重伤被俘，绝食而死。杨业牺牲后，太宗任命张齐贤担任知代州职务，和潘美共同抵抗辽兵。张齐贤选本州厢兵两千，誓师出击，击退辽兵，又设计伏击，擒获辽军北院大王之子等高级将领。辽军大败，胆寒溃退。

雅量蒙正① 竭诚田锡②

[注释]

①蒙正（944~1011）：即吕蒙正，洛阳人。太宗时状元。太宗、真宗

四字鉴略 | 139

朝三次任宰相。以敢于直谏、知人善任而为人称道。经他推荐和选拔的人才众多，如富弼、吕夷简等，后来都成为一代名相。

②田锡（940~1003）：嘉州洪雅（今属四川）人。太宗时进士，历任转运副使、起居舍人；真宗时历任右谏议大夫、史馆修撰等职。

[讲解]

吕蒙正身居相位，肚量宏大，对人仁厚。他刚被任命为"参知政事"（宋朝副宰相官名）时，有一天上朝，一个官员指着他的脊梁轻蔑地说："这小子也能当参知政事？"吕蒙正只当没听见，不动声色地走过去。与他同列的官员为他鸣不平，要去查那个人的姓名。吕蒙正劝阻说："不要查，不知其姓名最好，一旦得知其名，会一辈子都难忘怀记恨。还是不知道为好。"人们听了，都很佩服吕蒙正的雅量。吕蒙正一生廉洁奉公，从不接受别人的礼品。有一次一个官员家藏有一面古镜，说此镜能照见二百里，想送给吕蒙正。吕蒙正笑着说："我的面孔不过盘子大小，用不上能照二百里的大镜子！"终于没接受那人的贿赂。吕蒙正还有很多故事和传说，被后人编入小说和戏曲里。

宋太宗时，田锡由左拾遗抽到史馆编书，官职不大，却喜欢议论国家大事。他上了一份奏章，提出有关国家军事机要的建议一项、有关国家重要政策的建议四条。太宗看了十分赞许，奖给他五十万钱。朋友劝他不可锋芒太露，过于出风头，必定要遭人忌妒。田锡说："臣子应当竭诚事君，岂能因受了一次赏，怕人忌妒，就不敢再说话了呢？"

继伦奇功① 吕端辅嗣②

[注释]

①继伦（947~996）：即尹继伦，开封浚仪（今河南开封）人。北宋

勇将，历任深州团练、河西兵马都监等职。

②吕端（935~1000）：幽州安次（今属河北）人。由知府升至宰相，后拜太子太保，卒赠司空，谥正惠。

[讲解]

辽国大将于越领兵数万南下，准备劫夺宋朝运往前线的军粮。担任巡防边境的巡检使尹继伦因官小兵少，无法阻击辽国大军，便组织一队精悍骑兵，暗暗尾随辽兵行动，到了唐州徐河间（今河北徐水），辽兵和宋朝护粮大军遭遇。一场大战即将爆发。尹继伦看准时机，带领骑兵从背后突入辽阵，先斩杀了辽营一员大将。辽兵大乱，自相践踏，于越也被砍中手臂，狼狈逃走。自此以后，尹继伦声名大振。辽兵互相告诫，要回避"黑面大王"。这是因尹继伦皮肤较黑的缘故。后西北边境吃紧，尹继伦被任命为灵庆兵马副都部署，以防西夏，继伦抱病前往，至庆州卒。

吕端是个很有头脑的宰相，宋太宗称赞他是"小事糊涂，大事不糊涂"。太宗病危时，宦官王继恩等害怕太子赵恒英明，对己不利，密谋另立楚王为帝。吕端已经察觉王继恩的阴谋，太宗驾崩后，他当机立断，趁王继恩来内阁时，把王继恩锁在屋内，派人看守。然后立即扶太子登基，率领群臣朝贺，造成新皇帝已即位的事实，粉碎了王继恩的阴谋。因而，后人常用"吕端大事不糊涂"来称赞他。

真宗宽仁①   **有帝王量**
信惑异端   **天书屡降**

[注释]

①真宗（968~1022）：即宋真宗赵恒，太宗子。公元998年即位，在位二十五年。

[讲解]

宋真宗赵恒即位后，任用张齐贤、李沆、寇准等人为宰相，使宋朝经济有所发展，号称北宋的治世。但是北方辽军多次进犯，也影响了内地的稳定和发展。真宗到了晚年，体弱多病，便昏聩起来，听信奸臣和迷信僧道，以求神佛保佑，在全国大建道观和寺院，劳民伤财。有人投其所好，伪造了写满字的黄绢，说是"天书"下降。真宗深信不疑，十分虔诚地迎到宫中供奉起来。以后，各地不断出现"天书"，真宗仍不醒悟，更忙碌地到处祭祀祈祷，却不考虑是否真能降福。

幸澶退辽　　赖准谋定①

[注释]

①准（961~1023）：即寇准，华州下邽（今陕西渭南）人。真宗时为相，封莱国公。力主抗辽，后被奸臣排挤，贬逐到雷州（今属广东），死于南方。

[讲解]

公元1004年，辽邦萧太后亲自统领大兵南下，深入宋境，京师震动。奸臣王钦若等主张迁都南逃，宰相寇准坚持主战，说服真宗御驾亲征，到前线督战。到达澶州（今河南濮阳）后，宋军将士见皇帝亲至，士气大振，大胜辽兵，射死辽国大将萧达览。辽国萧太后怕战线拉得过长，腹背受敌，提出讲和。宋真宗同意与辽国签订和约，辽兵退走。史称此为"澶渊之盟"。

这次战争，宋朝本可获得更大胜利，但一些奸臣包围真宗，散布投降主义论调，结果虽然打了胜仗，却签订了由宋每年向辽输送银十万两、绢二十万匹的辱国和约，开创了用岁币求苟安的恶例。

仁宗初年① 　　西鄙驿骚②

庆历以后 　　君子满朝

[注释]

①仁宗（1010~1063）：即宋仁宗赵祯，真宗第六子。公元1022年即位，在位四十一年。

②鄙：郊野，边境地方。《左传·僖公二十五年》："齐人侵我西鄙。"驿骚：驿，传递；骚，骚扰，骚动。本指互相传递消息引起惊慌动乱。后多用于战争引起的动乱。《新唐书·苏源明传》："今河洛驿骚，江湖叛涣。"

[讲解]

宋仁宗即位时才十二岁，由刘太后听政达十一年之久。刘太后去世后，仁宗才得以亲政。这时，西部边境极不安定。割据于西北的少数民族领袖李元昊，自立为皇帝，国号大夏，建都兴庆府（今宁夏银川东南），史书称之为西夏。仁宗即位时，正是西夏势力强盛之时，常入宋境掠抢，屡败宋兵。宋将刘平、石元孙被俘，任福、王余庆、葛怀敏等战死。直至宋仁宗庆历三年（1043），西夏久战疲困，才与宋议和。元昊被赐姓赵，因改称赵元昊。这时，北宋涌现出一批名臣，朝堂之上一时人才济济。

韩范富欧① 　　吕诲杜衍②

[注释]

①韩范富欧：即韩琦、范仲淹、富弼、欧阳修。韩琦（1008~1075），

相州安阳（今属河南）人。历任仁宗、神宗、英宗三朝宰相，封魏国公。范仲淹（989~1052），苏州吴县（今属江苏）人。仁宗庆历三年（1043）任参知政事。谥文正。富弼（1004~1083），河南洛阳人。公元1055年后任宰相七年，封郑国公。欧阳修（1007~1072），庐陵（今江西吉安）人。官至太子少师，卒赠太子太师，谥文忠。

②吕诲（1014~1071）：幽州安次（今属河北）人。吕端孙。官至御史中丞，弹劾不避权贵。杜衍（978~1057）：越州山阴（今浙江绍兴）人。由刑部侍郎官至枢密使。后出任宰相，进太子太师，封祁国公。

[讲解]

韩琦是北宋著名政治家，以正直清廉享名于世。他担任陕西四路经略安抚使，制止了西夏对内地的骚扰。与范仲淹并称"韩范"，立下战功；后与富弼一同为相，又并称"韩富"。有人评他说：在厚重上他可比汉朝周勃，作为贤相，可比唐朝姚崇。

范仲淹是著名政治家、文学家。他担任宰相后提出了建立严密的任官制度、整顿军队、加强法治等十项改革主张。他的"先天下之忧而忧，后天下之乐而乐"（《岳阳楼记》），成为传诵千古的名句。

富弼不仅是很有才能的宰相，而且还是出色的外交家。他出使契丹，成功地拒绝了对方提出的割地要求，归国后又提出了安边十三策。

欧阳修以文学著名，为唐宋八大家之一。他主持编撰的《新唐书》《新五代史》为史学名著；他曾知贡举，主持进士考试，排抑险怪奇涩的"太学体"，整顿文风。他曾担任枢密副使和参知政事，在军事和政治上都很有贡献。

吕诲担任侍御史时，敢于直言，他以论宦官任守忠及其党羽罪行，以及弹劾陕西四路钤辖内臣王昭明等，名震一时。

杜衍对部下宽厚，为官清正，不治私产。虽然做到宰相的高官，退职以后还是住于陋屋，过着平民百姓式的简朴生活。

赵抃唐介① 彦博司马②
升遐之日③ 四海思慕

[注释]

①赵抃（1008~1084）：衢州西安（今属浙江）人。历官殿中侍御史、参知政事。唐介（1010~1069）：江陵（今属湖北）人。历任侍御史、御史中丞、参知政事。

②彦博（1006~1097）：即文彦博，汾州介休（今属山西）人。由枢密使官至宰相。封潞国公。司马（1019~1086）：即司马光，陕州夏县（今山西夏县）人。仁宗时任天章阁待制兼知谏院。神宗朝任枢密副使，后又为相。死后追封温国公。谥文正。

③升遐：升，上升，升天；遐，远。帝王死去，称为"升遐"。此句指宋仁宗。

[讲解]

仁宗朝敢于直言、不畏强权、上书弹劾高官的，还有赵抃和唐介。赵抃上奏章揭发宦官任守忠及其党羽的罪行，又建议仁宗免去宦官王昭明担任的陕西四路钤辖，名震一时，被人称为"铁面御史"。

唐介曾上书弹劾宰相文彦博，宋仁宗认为他诽谤大臣，要将他流放到边远地方。唐介说："臣是为忠愤所激，才上书揭发宰相错误，跳火海下油锅也可以，何况只是流放充军！"他被贬不久，宰相文彦博认为唐介是敢于说话的直臣，将他召回京城。后来赵抃、唐介都当了参知政事（副宰相）。人们钦佩唐介的耿直敢言，也钦佩文彦博"宰相肚里能撑船"的雅量。

司马光连续在仁宗、英宗、神宗三朝担任要职。但他最大的贡献,是他历时十九年,奋笔直书,完成了规模宏大的编年体史书《资治通鉴》。

由于宋仁宗任用了很多杰出的人才来辅助他治理国家,所以在他当皇帝这段时间,国内社会经济和科学文化都有所发展。史学家认为,仁宗时期是北宋最繁荣的时期。因而他去世后,仍然被人怀念追思。

英宗嗣位①   **太后听治**

两宫不和   **韩欧调护**

[注释]

①英宗(1032~1067):即宋英宗赵曙。仁宗无子,立安懿王赵允让子赵曙为皇太子,后继位。在位四年。

[讲解]

宋英宗赵曙原是安懿王赵允让之子,宋太宗赵光义的曾孙。仁宗三个儿子都早夭,因而赵曙被立为太子,继承了帝位。虽然他即位时已经三十多岁,但最初仍由仁宗的皇后曹太后垂帘听政。宦官任守忠原打算立一个昏弱的皇帝,以便从中操纵、攫取权势,可是没能实现。所以英宗即位后,他便利用英宗和曹太后在处理政务时的意见不一,从中挑拨离间,造成英宗和太后之间的不和。

宰相韩琦想让太后撤帘还政,便选取十几份奏章,呈送英宗批示,然后他又拿去请示太后复核。太后看了后,认为皇帝批得很好,便让依皇帝旨意去办。于是韩琦便说皇帝英明能干,而自己年老,不必再操心辅政,恳求辞去宰相职务,回家养老。太后说:"相公不能辞职。我天天来听政也烦了。还是我回后宫静养为好。"韩琦便把曹太后和汉朝的马皇后、邓皇后相提并论,认为太后肯中止听政,实在是马、邓二位皇后所不能及。

他问太后打算什么时候撤帘,太后没说话,立即起身退回后宫。韩琦立刻吩咐銮仪司官撤帘。帘子去掉,向里望去,太后还没走出殿门。造成太后已撤帘还政的事实。

几天后,韩琦拿了一份空白公文,派人送交两个副宰相签发。欧阳修看韩琦已签了名字,便也在下边签了名。另一位副宰相赵概看了十分为难,欧阳修劝他说:"韩相公一定有他的道理。"韩琦拿到空白公文,便传唤任守忠到政事堂,宣布他的罪状,取出空白公文,填写了发配任守忠的命令,当场让侍卫将他押走了。这是韩琦怕先备公文,宦官耳目众多,担心万一泄密生变的缘故。

神宗即位① 　　励精求治

贤臣纯仁② 　　范镇苏轼③

[注释]

①神宗(1048~1085):即宋神宗赵顼,英宗子。公元1066年被立为太子,次年即位,在位十八年。

②纯仁(1027~1101):即范纯仁,范仲淹次子。神宗时为侍御史、同知谏院。哲宗、徽宗时官至吏部尚书、观文殿大学士,谥忠宣。

③范镇(1007~1087):成都华阳(今属四川)人。神宗时为知谏院。哲宗时为端明殿学士,封蜀郡公。苏轼(1037~1101):眉州眉山(今属四川)人。著名文学家。后任翰林学士,知杭州、颍州;后官至礼部尚书、翰林院侍讲学士。

[讲解]

宋神宗是个有抱负的皇帝,希望能富国强兵,改变中国"积贫积弱"的局面。这时,农民因赋税负担过重和官僚地主兼并土地愈演愈烈而日益贫穷，国家财政陷入危机。为改变这种局面，神宗提拔年富力强又锐意改革的王安石出任宰相，开展了一场轰轰烈烈的变法。此外，范纯仁、苏轼也受到神宗的重视。神宗派范纯仁去陕西担任转运副使，视察边防。回来后，神宗问陕西边防情况。范纯仁回答说："城郭粗全，甲兵粗修，粮储粗备。"希望皇上能继续重视边防，使边将不至于停留自满，观望不前。对于苏轼，神宗十分欣赏他的文才，曾打算让苏轼去编修国史，只是由于王珪等人阻挠，未能实现。范镇以直言著名，多次上书议论朝政，被任命为谏院的主管官员。仁宗年老无子，总希望再生一子来继承皇位。因而久不立太子。后暴病，群臣担忧，但均不敢先讲。独有范镇先上书，请求选继嗣立为太子，仁宗不理，范镇一连上书19次，忧愁得须发皆白。仁宗不高兴，将他调出谏院，改任其他职务。范镇并不因此罢休，继续上书不止。直至嘉祐七年（1062），才选定赵曙立为太子，次年，仁宗驾崩。

熙宁元丰　　安石惠卿[①]
新法乱政　　西北用兵

[注释]

①安石（1021~1086）：即王安石，临川（今江西抚州）人。北宋著名政治家、文学家。神宗时两任宰相，主张变法改革。史称"王安石变法"。封荆国公，谥号文，故后人称之为王荆公，或王文公。惠卿（1032~1111）：即吕惠卿，泉州晋江（今属福建）人。曾协助王安石推行新法，官至参知政事，后因贪婪冒功等事多次被贬。

[讲解]

熙宁、元丰都是宋神宗年号。这一时期王安石两次担任宰相，积极进行政治改革，以实现神宗"富国强兵"的理想。他是一个有毅力、有远见，又有比较系统的变法主张的政治家，先后出台了农田水利法、青苗法、免役法、方田均税法、市易法等经济法规和保甲法、保马法、置将法等军事法规。这些新法的实行，可以减轻农民负担，增加国家财政收入，同时由于限制大官僚、大地主勒索农民，触动了他们的利益，因此受到他们猛烈的攻击，被诬蔑为"新法乱政"。王安石变法终因得不到广泛支持而告失败。

吕惠卿是王安石推行新法的助手。司马光曾对王安石说，吕惠卿这人不可靠，现在对你诣谀，一旦你失势，他会出卖你来抬高他自己。王安石没听从司马光的劝说，后来果然应了司马光的话。

神宗晚年，又打算灭掉西北的西夏，分兵五路，以宦官李宪等统兵作战。结果反被西夏打败，西北一带的防御性工事被西夏占领了一部分。

哲宗嗣位①　　高后垂帘②
罢停新法　　任用忠贤
司马辅相　　敌国戒边③

[注释]

①哲宗（1077~1100）：即宋哲宗赵煦，神宗子。公元1085年即位，在位十五年。

②高后（1032~1093）：英宗皇后，哲宗祖母。因哲宗幼小，高太后以太皇太后身份垂帘听政，直至去世。

③戒边："戒"与"界"通。划定边界。

[讲解]

哲宗即位，高太后听政，启用了司马光、文彦博等反对新法的保守派为宰相，并宣布停止推行新法，王安石变法遂告失败。停止推行新法之后，宋哲宗做的另一件大事就是在西北边境与西夏媾和，将米脂、葭芦等四寨地方还给西夏，西夏也遣返永乐寨（今陕西米脂西）战俘一百四十九人。边境暂时平静。西夏是西北少数民族所建政权。宋仁宗时赵元昊称帝建国，都兴庆府（今宁夏银川东南），全盛时拥有二十二州之地，东至陕北，西至新疆哈密以东，南至兰州、西宁一带。与宋、辽、金多次发生战争，1227年为成吉思汗所灭。

及太后崩　　追贬正人
内变外戎　　祸乱纷纷

[讲解]

自从王安石罢相，到哲宗即位以后这段时间里，新旧两派不同政见之争，逐渐演变为朝臣互相争权倾轧。哲宗亲政，起用已被贬官的章惇、吕惠卿，重用蔡京、蔡卞等，贬逐高太后听政时期的吕大防、苏轼、范纯仁等正直的大臣，文彦博也被降职。哲宗反对将陕北四寨还给西夏，宋辽再启战端。一时间，朝政陡生变幻，边疆战乱纷起。

徽宗即位①　　穷极奢侈
天变民怨　　贼寇蜂起

[注释]

①徽宗（1082～1135）：即赵佶，哲宗异母弟。哲宗无子，赵佶被立为帝。在位二十六年，被金兵掳往北方，死于五国城（今黑龙江依兰）。

[讲解]

宋徽宗赵佶是个多才多艺的书画家。他自创了一种楷书书体"瘦金体",在我国书法史上占有一定地位。他画的花鸟画,也有相当高的水平。但是他是一个亡国昏君,即位后穷奢极欲,大造宫殿苑囿,从江南搜刮奇花异石,运往京师筑园,称之为花石纲。对于辽、夏二国,宋朝每年输送财物,屈辱求和。而这些财物多是从老百姓那里掠夺而来,致使民怨四起,各地农民纷纷起义。山东宋江和浙江方腊领导的农民起义,影响最大,朝野震动。

信任奸邪　　忠良屏弃
开边生衅　　金兵长驱①

[注释]

①金:公元1115年我国东北少数民族女真族首领完颜阿骨打创建的国名。最初建都于会宁府(今黑龙江阿城南),后迁都北京。1125年灭掉辽国,次年又灭北宋,1234年为蒙古所灭,共存在一百二十年。

[讲解]

宋徽宗时期,奸邪横行。宰相蔡京进爵太师、封鲁国公,一时权势无以复加。士人百姓都对他恨之入骨,称蔡京、童贯等六个掌权奸臣为"六贼"。蔡京还将宋哲宗元祐年间在朝内任职的司马光、苏轼等三百零九人打成"元祐党人",一律贬官,其子弟不论做官与否,一律不准入京。又由蔡京亲笔书写三百零九人名单,刻为石碑,号称为"元祐奸党碑",并以皇帝名义下诏,每个州县都必须翻刻立碑。

另一个大奸臣童贯本是个宦官,后来与蔡京勾结起来,被擢升为监军,掌握军权二十余年。这时,北方女真族崛起,建立了大金国。童贯实行联金灭辽的策略,把与宋朝征战多年的辽国灭掉,而金国不仅占领了原属辽国的领土,而且挥兵南下,长驱直入,又占据了宋朝大片领土,对宋朝造成了更大的威胁。

直到宋钦宗即位后,在各方势力的强烈要求下,钦宗才将蔡京、童贯等奸臣贬官流放。蔡京在流放途中死去,童贯则被处死。

禅位太子　　自称道君
卒为金掳　　殂五国城

[讲解]

宋徽宗除了爱好书画外,还迷信道教,幻想修仙学道,长生不老。他十分宠信道士林灵素,在其蛊惑下,在皇城建立规模宏大的道教宫观,还下诏天下洞天福地都要建立宫观,塑造圣像。他还经常到与皇宫毗邻的上清宝箓宫听林灵素讲道经,设立大斋会,宴请全国各地来听林灵素讲经的道士,号称千道会。林灵素代表上帝,册立徽宗为教主道君皇帝。这时,金兵大举南下,徽宗便禅位于太子赵桓(即宋钦宗),由钦宗主持国政和抗金事宜。他自己却带了一批官员跑到江南游览去了。金兵渡过黄河,抵达开封城下,迫使钦宗签订和约后退去。徽宗这才从江南返回开封。第二年即公元1127年,金兵再围开封,俘虏宋徽宗、钦宗,把他们掳往北方,囚禁于五国城。八年后,徽宗病死。

钦宗昏懦①　　亦为金掳
绍兴之末　　殂于沙漠

[注释]

①钦宗(1100~1161):即赵桓,徽宗子。公元1126年即位,在位一

年多，金兵破开封，被掳往五国城，直至病死。

[讲解]

宋钦宗即位以后，金兵已渡过黄河，进抵东京开封。太学生陈东率领学生包围宫门上书，强烈要求惩办蔡京等六贼并抗击金兵。钦宗被迫任命主战派李纲为相兼亲征行营使。李纲团结全城军民抗击金兵，又宣诏各地勤王兵马驰援京师，终于击退金兵。昏庸的宋钦宗不是乘机集中兵力追击孤军深入的金兵，反而屈辱求和，与金兵签订了丧权辱国的和约，他以为这样可以暂时苟安，太平无事了。谁知不过一年，金兵又卷土重来，开封城破，他与宋徽宗一同被金兵掳往北方的五国城，成为金国囚徒。

自赵匡胤建国，到徽、钦二帝被掳，北宋共历九帝，享国一百六十七年。因其建都于开封，所以史书上称之为北宋，以区别后来建都于临安（今浙江杭州）的南宋。

高宗南渡①   **奸桧议和**②
虽有李纲③   **及鼎浚佐**④

[注释]

①高宗（1107~1187）：即宋高宗赵构，徽宗第九子。徽、钦二帝被掳后，他被拥立为帝，公元1127年即位，在位三十六年。1162年传位于太子，自为太上皇。

②桧（1090~1155）：即秦桧，江宁（今江苏南京）人。南宋投降派代表人物，高宗时为宰相，杀害抗金名将岳飞，成为遭人唾骂的卖国贼。

③李纲（1083~1140）：福建邵武人，抗金主战派。高宗初年为宰相，不久即被迫去职，后任湖广宣抚使等职。卒谥忠定。

④鼎浚：即赵鼎、张浚。赵鼎（1085~1147），解州闻喜（今属山西）

人。历任枢密使，两度为相。拒绝和议，为秦桧排挤，绝食而死。孝宗时赠太傅，封丰国公，谥忠简。张浚（1097～1164），汉州绵竹（今属四川）人。曾任枢密使，统兵北伐。后为相，受主和派排挤罢相。卒赠太保、太师，谥忠献。

[讲解]

徽、钦二帝被金兵掳走后，拥兵在外的康王赵构，被拥立为帝。在南京（今河南商丘）即帝位，后来南逃，定都于临安（今浙江杭州）。李纲是高宗在南京即位时任命的宰相，仅为相七十余日，便受奸臣黄潜善的排挤去职。到了临安，高宗先后起用赵鼎、张浚这些主战派为相。但他们又受到秦桧的排挤而离开相位。

秦桧曾与徽、钦二帝一同被掳往金国。到了金国，他投降变节，成为金国副元帅挞懒的亲信，后来被派回南宋从事间谍活动。他假称是杀死防守金兵，夺船逃回，骗取了高宗的信任。宋高宗安于偏安一隅，无意收复中原，迎回徽、钦二帝，所以与主和的秦桧一拍即合，不久便任秦桧为宰相。秦桧先后执政十九年，力主与金讲和，向金称臣。所以虽有李纲、赵鼎、张浚等主张抗金的大臣，终于没能改变宋高宗和秦桧的主意。收复中原遂成泡影。

厥时大将①   **张韩刘岳**②

不能恢复   **偏安以殁**

[注释]

①厥：助词，用于句首。《史记》："左丘失明，厥有《国语》。"

②张韩刘岳：即张浚、韩世忠、刘锜、岳飞。张，即张浚（1097～1164），字德远，汉州绵竹（今属四川）人。徽宗时进士。曾任知枢密院

事，力主抗金。韩，即韩世忠（1089~1151），绥德（今属陕西）人。因军功由御营左军都统制升至枢密使。孝宗时追封蕲王。刘，即刘锜（1098~1162），德顺军（今甘肃静宁）人。历任东京副留守、武泰军节度使等职。曾大破金兵主力。后为秦桧排挤，忧愤死。岳，即岳飞（1103~1142），相州汤阴（今属河南）人。因战功从下级军官升至清远军节度使、枢密副使，引军北伐，大败金兵。后被秦桧以"莫须有"罪名害死。孝宗时谥武穆，宁宗时追封鄂王。

[讲解]

史学家把宋高宗时的张、韩、刘、岳并称为绍兴（宋高宗年号）抗金四名将。他们都是爱国将领，战功赫赫。张浚身为枢密使，韩、刘、岳均是他的部下。刘锜随张浚多次击败金兵。韩世忠以将金兀术困于黄天荡四十余日的战役最为著名。岳飞则为四名将中最杰出的将领。公元1140年，金国都元帅兀术进兵河南，岳飞率军奋勇反击，在郾城大败兀术主力，收复了洛阳、郑州，以致金兵军中流行有"撼山易，撼岳家军难"的哀叹。当岳飞进兵到开封郊外朱仙镇时，被十二道金牌召回，解除了他的兵权，不久又被诬陷，逮捕下狱，被秦桧加以"莫须有"的罪名将他和儿子岳云、部将张宪同时杀害。岳飞是我国历史上著名民族英雄，南宋以后，人们常常将他与三国时的关羽并称为"关岳"，尊之为武圣人，建庙立祠。明清两朝"关岳庙"建筑，遍布各地，几乎达到每县均有。

岳飞的词作《满江红·怒发冲冠》成为千古不朽的名篇。

孝宗能养①   **思复大业**

敌国鲜衅   **和好仅得**

[注释]

①孝宗（1127~1194）：即赵昚（shèn），宋太祖七世孙。高宗无子，

养为己子。公元 1162 年即位，在位二十七年。养：奉养。孝顺父母，侍奉和赡养。

[讲解]

  宋孝宗本为秀王赵偁的儿子，因高宗子早亡，被养于宫中，后立为太子，旋受内禅即位。宋孝宗是个很孝顺的人。高宗当了二十六年太上皇，孝宗二十六年如一日地恪尽孝道，没有一点怠慢。所以后来庙号孝宗。但孝宗与高宗却不同，他不甘心偏安一隅，想要恢复中原。所以，他即位以后，就起用了一贯主张抗金的名将张浚为宰相，举兵北伐。又恢复岳飞官爵，追谥为武穆。秦桧这时已死，他在朝内的党羽也被孝宗免职，荡涤无遗。但是这时的金国经过几十年的经营，已巩固了在中原的统治。张浚北伐失败，孝宗只好与金国签订和约。此后，孝宗又任命抗金名将虞允文为相，几次大败金兵，威震敌胆，但也只是阻止金兵南侵，实现媾和，北伐中原已是无能为力了。

光宗受禅①　　遭后悍妇
是时中外　　汹汹无措
亟立其子　　逆于上皇
及父告崩　　不能成丧

[注释]

  ①光宗（1147～1200）：即赵惇（dūn）。孝宗第三子。公元 1189 年即位，在位六年。

[讲解]

  宋孝宗把皇位让给儿子赵惇，自为太上皇，上尊号为寿皇。这时，金世宗去世，新皇帝金章宗昏庸无能，无力攻打南宋，两国暂时相安无事。

光宗李皇后是个悍妇。她要求立她的儿子赵扩为太子，去请寿皇支持，寿皇没有同意。李皇后因此怀恨在心，不断挑拨寿皇和光宗的父子关系，使光宗长期不去见寿皇问安。后来寿皇去世，应由光宗主持丧礼。可是李皇后却推说光宗有病，不让前去，使丧礼无法进行，一时之间，皇宫内外群情汹汹。最后枢密使赵汝愚请示宋高宗吴皇后，经已八十多岁的太皇太后同意，立光宗之子赵扩为皇帝，主持丧礼，才使这场风波平息下去。直到第二天，光宗才知道新皇帝已经即位。他只好去当太上皇了。

宁宗不明①　　制于权臣

侂胄弥远②　　先后蒙君

[注释]

①宁宗（1168~1224）：即赵扩，光宗子，公元1194年即位，在位三十年。

②侂（tuō）胄（1152~1207）：即韩侂胄，相州安阳（今属河南）人。宁宗时以外戚执政十三年，权势在宰相之上，封平原郡王。后因伐金失利，被杀。弥远（1164~1233）：即史弥远，明州鄞（今浙江宁波）人。宁宗时任太师右丞相。杀韩侂胄向金求和。后又假传诏书拥立理宗为帝，专擅朝政。

[讲解]

宋宁宗即位后，朝政大权很快落入善弄权术的韩侂胄手里。韩侂胄仗着自己是吴太后妹妹的儿子，公开纳贿卖官、结党营私，宁宗完全成为他的傀儡。这时金国衰弱，韩侂胄的爪牙向其建议举兵北伐，恢复中原，建立百世大功。结果东西两线同时出击,均告失败。金国派使臣来,要求将伐金首谋治罪。与韩侂胄有积怨的杨皇后与其兄杨次山、大臣史弥远等密谋,趁韩侂胄上朝时将他拘捕杀死了,并将其首级送往金国谢罪。

史弥远巴结上杨皇后,官职连升四级,掌握了朝政大权。宁宗没有儿子,策立宗室子弟贵和为皇太子。贵和十分痛恨史弥远,因此史弥远想换掉他。后来宁宗去世,史弥远便假传遗诏,拥立另一个皇族子弟贵诚当了皇帝,改名赵昀,即宋理宗。

理宗之朝①　　贤奸莫辨

时元灭金　　威震海畔

[注释]

①理宗(1205~1264):即赵昀,宋太祖十世孙,被史弥远拥立为帝,在位四十年。

[讲解]

史弥远自恃拥立有功,飞扬跋扈,一手遮天,连宋理宗对史弥远都很惧怕,一切旨意都得听史弥远的,直至史弥远死后,理宗才得亲政。理宗被史弥远欺压多年,这时总算可以出一口气,施展自己的抱负。一些受过史弥远迫害的官员,纷纷上书弹劾依附史弥远作恶的贪官奸党。理宗借机将史弥远的亲信党羽逐出朝廷。可惜朝政不久又落入另一个权奸贾似道手中。

这时,北方的蒙古族部落逐渐强大起来,其首领名铁木真,先后统一了蒙古族十多个部落,于宋宁宗开禧二年(1206),建立了蒙古汗国,铁木真即大汗位。"汗"是北方少数民族对君王的称谓。并加号"成吉思",这个称号在蒙古语中有"广阔海洋"和"强大"的意思。因而史书上便称其为"成吉思汗"。公元1227年,成吉思汗率大军南下,灭掉西夏后,病故于六盘山(今宁夏南部)。后来他的孙子忽必烈称帝,1271年改国号为"元",尊成吉思汗为元太祖。到宋理宗即位后,蒙古军先后灭掉了西夏和金,对南宋的安全造成了很大威胁。

度宗即位①　　似道专国②

丧师失地　　殆无虚日

[注释]

①度宗(1240~1274):即赵禥(qí)。理宗侄。理宗无子,立为太子,继帝位,在位十年病死。

②似道(1213~1275):即贾似道,台州(今属浙江)人。理宗贾贵妃之弟。官至太师,专擅朝政二十余年,贪赃无数,家财巨万。后因丧师失地被流放,为仇人所杀。

[讲解]

度宗即位后,贾似道进位太师,一切大权全归于他。他在西湖葛岭造了一座穷极豪华的园林,平日不上朝,一切军国奏章,都由专人送到园内由他裁决。

公元1271年,蒙古汗国的大汗忽必烈改国号为"元",派大军南下灭宋。襄阳是宋朝北方前线的战略重镇,元兵首先围攻襄阳。襄阳军民抗敌长达三年,求救紧急公文飞报临安,都被贾似道隐瞒下来。公元1273年,元兵攻下襄阳。次年六月,元世祖忽必烈下诏灭宋,以伯颜为元帅,率军由襄阳南下,江北大片土地被元军占领。七月,宋度宗死,恭帝继位。

恭帝嗣位①　　主少国危

兵入临安　　执帝以归

[注释]

①恭帝（1271~1323）：即赵㬎（xiǎn），度宗嫡子。公元1274年即位，在位一年半。至1276年初临安失陷降元，被送往大都。

[讲解]

宋恭帝即位时才四岁。由其母谢太后垂帘听政。这时，元兵顺长江而下，已占据九江。在朝中舆论压力下，贾似道不得不亲自统兵出发，到芜湖督师，一个月以后大败逃回，被贬往循州（今广东惠州）安置。押送官郑虎臣之父曾被贾似道杀害。押送至漳州木绵庵时，郑虎臣遂将贾似道杀死。1276年农历正月，元军统帅伯颜的大军抵达临安城下，谢太后率恭帝及百官出降。伯颜便携了谢太后、宋恭帝等北归献俘。

至于端宗①　　硇洲告崩②

末帝名昺③　　赴海而终

[注释]

①端宗（1269~1278）：即赵昰（shì），度宗庶长子。在福州即位，三年后被元军追逃海上，病死。

②硇（náo）洲：硇洲岛，今广东湛江东南海中。

③昺（1272~1279）：即赵昺（bǐng），度宗幼子。端宗死后被拥立为帝，在位十个月，逃往崖山（今广东新会南海中），投海死。

[讲解]

临安被元军攻占后，宋大臣陆秀夫、张世杰等在温州奉九岁的益王赵昰为天下兵马都元帅，六岁的卫王赵昺为副元帅，组织兵马抗元。数月后迁往福州，拥赵昰为帝，以文天祥为丞相兼枢密使，抗击元兵于福建、广东一带。坚持两年有余，终因兵少而退至海岛。端宗于砜洲病死，其弟赵昺继为皇帝，史称末帝。1279年二月，宋、元海军在崖山决战，宋军大败，丞相陆秀夫背着末帝昺投海而死，宋朝遂亡。

秀夫世杰①　　忘身殉国
有文天祥②　　忠孝激烈

[注释]

①秀夫（1238~1279）：即陆秀夫，楚州盐城（今属江苏）人。宋末先后拥立赵昰、赵昺为帝。官至左丞相。崖山战败，负帝昺投海死。世杰（？~1279）：即张世杰，范阳（今河北涿州）人。宋末主要抗元将领，后任枢密副使。崖山战败，于突围中溺水死。

②文天祥（1236~1283）：吉州吉水（今江西吉安）人。宋理宗时状元。宋末任右丞相兼枢密使，封信国公，后被俘，不屈死。谥文。

[讲解]

文天祥、陆秀夫、张世杰被后人称为宋末三大忠臣。元兵攻临安，文天祥奉命入元营谈判，被扣留。临安陷落，陆秀夫、张世杰保护赵昰、赵昺逃往温州。不久，文天祥由元营逃回。拥立端宗，继续抗元。崖山决战，宋军大败，陆秀夫背起少帝赵昺投海殉国；张世杰率十余艘战船突围，在海上遇飓风船翻溺死。文天祥在广东海丰率另一支宋军抗元时被俘获。元朝慑于他的威名，想让他投降。过零丁洋时，文天祥写下了千古绝唱《过零丁洋》，诗中写道："人生自古谁无死，留取丹心照汗青。"以此来表示决不投降。后来，他被押送大都，囚禁达三年之久。元朝皇帝想劝他归顺当丞相，对他威逼利诱，他始终不屈。在狱中写下了大义凛然的著名诗篇《正气歌》以明志，最后从容就义。

宋自太祖　　迄于帝昺

通记历年　　三百云水

[讲解]

　　南宋自宋高宗赵构即位后，至帝昺殉国，共历九帝，享国一百五十三年，史称南宋。自赵匡胤建立宋朝至南宋灭亡，共历十八帝，前后总计三百二十年。

惟元世祖①　　仁明英武

克成大勋　　混一区宇

[注释]

　　①元世祖（1215~1294）：即忽必烈。成吉思汗之孙。公元1260年即蒙古大汗位，1264年定都燕京，1271年改国号"大元"，在位三十五年。

[讲解]

　　元世祖忽必烈是个英明有为的皇帝。即位后迁都燕京，后改名称大都，并根据《易经》中的"大哉乾元"，改国号"大元"。在位期间努力吸收汉族文化，任命汉族学者担任大臣。仿照汉族政府部门设置，建立了翰林院、国史院、枢密使等机构。在灭掉南宋、统一中国以后，注意发展农业、兴修水利，使社会经济得到恢复和发展。他努力融合各民族文化，对多民族中国的统一、巩固和发展,做出了一定贡献。

文臣许姚①　　武则伯董②
幅员之广　　古未之有

[注释]

①许姚:即许衡、姚枢。许衡(1209~1281),河内(今河南沁阳)人。元初学者,官至集贤大学士兼国子祭酒。卒谥文正,追封魏国公。姚枢(1202~1280),洛阳人。元初学者。官至中书左丞、昭文馆大学士,卒谥文献。

②伯董:即伯颜、董文炳。伯颜(1236~1295),蒙古八邻部人。忽必烈亲信侍臣,历任中书左丞、知枢密院事,统兵平宋,为元帅。后又多次平蒙古部内乱。卒后追封淮王,谥忠武。董文炳(1217~1278),真定藁城(今属河北)人。为忽必烈侍卫亲军指挥使,参加南征灭宋。官至中书左丞、参知政事。谥忠献。

[讲解]

元世祖能求贤纳谏,知人善任。他重用中原著名学者姚枢、许衡,请他们制定朝仪和官制,为治理国家出谋划策,并向蒙古子弟讲授经书。他还广兴学校,促进了汉蒙文化的融合与交流。

伯颜和董文炳是功勋卓著的武将。伯颜从襄阳出发,沿长江水路东下;董文炳则率另一支部队,从正阳关(今安徽寿县西南)陆路南下,在安庆和伯颜会师,水陆并进,在芜湖大败贾似道后,挥师临安,灭了南宋。

元朝建立以后,国土幅员之广为中国历史之最。当时北到西伯利亚,南到南海,西北到新疆,西南到西藏,东北到鄂霍次克海,都是元朝本土。另外蒙古汗建立的钦察汗国和伊利汗国，名义上仍奉元朝皇帝为大汗。

成宗继之①　　善于守成
武宗更变②　　赐爵太盛

[注释]

①成宗（1265~1307）：即铁穆耳。世祖忽必烈孙，继世祖称帝，在位十三年。

②武宗（1281~1311）：即海山，成宗侄。因成宗无后，海山被拥立为帝，在位五年。

[讲解]

元世祖的太子真金早故，世祖指定真金的儿子铁穆耳继承太子之位。铁穆耳即位后，小心谨慎，一切都遵守世祖遗法，减免江南部分赋税，编辑整理律令。晚年因卧病，国家政事交宰臣行使，朝政混乱。成宗去世后，他的侄子海山继承了帝位，即元武宗。元武宗时官纪废弛，风俗奢靡，滥行赏赐，封爵过多。官员、侍从不论有功无功，元武宗一高兴便重赏，民间艺人、平民百姓以及僧道，也往往赏赐以荣誉头衔。

仁宗图治①　　黎民爱育
英宗笃孝②　　用法无私
见弑行幄③　　奸党畏之

[注释]

①仁宗（1285~1320）：即爱育黎拔力八达。元武宗弟。在位十年。

②英宗（1303~1323）：即硕达八剌，元仁宗子。在位三年，被刺杀。

③行幄：皇帝离京出巡时途中临时住所。《元史·明宗纪》："撒迪等至，见帝于行幄。"

[讲解]

元仁宗即位，努力纠正武宗时的弊政。他重用儒臣，推行科举制度；并注重发展农业，特别下诏重印《农桑辑要》《栽桑图说》等书，向民间散发。英宗自幼从汉儒学习经史，对仁宗非常孝顺。仁宗病重，他常常祈祷，愿以身代。继皇帝位以后，正逢元宵节，英宗不顾还在仁宗丧期，打算在宫内张灯结彩。御史张养浩上书劝谏。英宗遂停止张灯，并对张养浩加以奖赏。他处事果断，铁面无私，先后处死了太皇太后的幸臣黑驴及左丞相阿散等人，疏远权臣右丞相铁木迭儿，任用正直能干的拜住为左丞相，以牵制铁木迭儿。太皇太后和铁木迭儿去世后，英宗便夺了铁木迭儿官爵，清除他的党羽。铁木迭儿的死党御史大夫铁失等都十分害怕，趁英宗和拜住从上都南返之机，铁失勾结大臣也孙铁木儿等发动政变，在途中截杀了英宗和拜住。

泰定称帝^①　　叠见灾异

明宗暴卒^②　　在位未几

[注释]

①泰定（1276~1328）：即也孙铁木儿，真金之孙。英宗遇刺后，被拥立为帝，年号泰定，在位五年。无庙号，史称泰定帝。

②明宗（1300~1329）：即和世㻋（là），武宗长子。封周王，被迎立为帝，赴大都途中暴卒。

[讲解]

铁失等人刺杀了英宗，迎立晋王也孙铁木儿为帝，即泰定帝。泰定帝即位后，追究英宗被刺之事，将铁失等人处死。并为在铁木迭儿专权时受迫害的官员平反昭雪，仍健在的召回录用。泰定帝在位时政治平稳，不过自然灾害特多，水旱蝗灾，山崩地震，不断出现。中原一带，百姓生活异常艰辛。公元1328年夏天，泰定帝在上都病故，丞相倒剌沙等在上都拥立皇太子阿速吉八为帝。留过大都的大臣燕铁木儿在大都谋立武宗之子周王为帝，但周王远在沙漠，所以先让周王之弟怀王即位，以免生变。上都、大都为争夺皇位发生战争，结果上都失败，皇太子当了一个月皇帝，兵败被杀。周王在和林（在今蒙古人民共和国鄂尔浑河上游）即帝位，即元明宗。在返回大都途中，元明宗又被燕铁木儿毒死，在位仅三个月。

文宗袭位① 犹能重儒
加封孔庙 列祀仲舒

[注释]

①文宗（1304～1332）：即图帖睦尔，武宗次子，明宗弟。继明宗即位，在位三年。

[讲解]

明宗死后，燕铁木儿又迎其弟怀王正式即皇帝位，即元文宗。他即位后，击败了四川、云南蒙古宗王的反抗，大力提倡汉文化，收揽名儒讲授儒学，又扩大修建文庙，加封孔子为"大成至圣文宣王"。过去的文庙是祭祀孔子及其重要弟子的地方。文宗认为西汉的董仲舒在"独尊儒术"上贡献巨大、学问纯正，便也在文庙中为他立牌位从祀。

宁宗早殇① 顺帝怠荒②

天眷有德③ 惟明太祖④

[注释]

①宁宗（1326~1332）：即懿璘质班，明宗次子。七岁即位，四十三天后病死。

②顺帝（1320~1370）：即妥懽帖睦尔，明宗长子。公元1333年在上都即位。在位三十六年。明军破大都后，他逃往漠北，一年后病死。

③天眷：受上天的宠爱。《尚书》："皇天眷命，奄有四海，为天下君。"

④明太祖（1328~1398）：即朱元璋。濠州钟离（今安徽凤阳东）人。明朝建立者。公元1368年称帝，定都南京，在位三十一年。

[讲解]

元文宗病危，遗命把帝位传给他哥哥明宗的儿子。专权的太师燕铁木儿不肯立明宗的长子，而立了明宗的次子懿璘质班为帝，即元宁宗。宁宗当了四十三天皇帝后夭亡。这时燕铁木儿也死了，经太后和大臣议定，才由明宗长子妥欢铁睦尔即皇帝位，即元顺帝。这时元朝内部已极端腐朽，元顺帝荒淫嬉乐，不理朝政。王公贵族之间相互倾轧。加之连年出现水旱灾荒，民不聊生，各族人民纷纷起来反抗。元顺帝十一年（1351）爆发了以韩山童为首的"红巾军"大起义，很快便发展到十几万人。此后又有徐寿辉、张士诚、陈友谅、明玉珍等纷纷割地称王，一时天下大乱。经过二十多年的混战局面，朱元璋削平群雄，并北上攻占了元大都，建立了明朝。

元朝从忽必烈定国号"大元"，建京大都开始，至明军攻入大都、顺帝北逃止，共历十帝，享国九十八年。如从成吉思汗建立蒙古汗国开始计算，则共历十四帝，前后共计一百六十三年。

礼聘群贤　　用开治府①
徐达遇春②　　刊定九土③

[注释]

①治府：治，治理，统治；府，政府，官署。《周礼》："以八法治官府。"

②徐达（1332~1385）：濠州（今安徽凤阳）人。朱元璋的主要将领。曾率兵灭张士诚及灭元，为大将军。明朝建立后封魏国公，卒后追封中山王。遇春（1330~1369）：即常遇春，怀远（今属安徽）人。朱元璋部下勇将，与徐达共同统帅明军。明朝建立后封鄂国公，卒后追封开平王。

③九土：九州之土。古时，中国设置九州，后来以九州泛指中国。

[讲解]

朱元璋礼贤下士，善于用人。攻下浙江金华之后，他听说刘基和宋濂的高名，便备了丰厚礼物，重金聘请他们出山辅佐，并特地设立了一座礼贤馆，安排他们居住。二人后来都成为朱元璋的重要谋士。朱元璋还从善如流。冯国用劝他先取金陵，收取人心，以奠定事业基础，李善长劝他学汉高祖"豁达大度，知人善任"，朱升劝他"高筑墙、广积粮、缓称王"，他都认真采纳。他依靠这些文人治理国家行政。

朱元璋手下猛将如云，其中最著名的是徐达和常遇春。他们都是朱元璋刚起义时的老部下，徐达更是朱元璋儿时的伙伴。徐达在消灭吴王张士诚之役和攻破大都之战中，指挥若定，发挥了重要作用。常遇春武艺高强，精于箭术，以勇武著称。他曾自夸说："能以十万兵马横行天下。"

所以被称为"常十万"。此外还有汤和、傅友德、胡大海、邓愈、沐英等一大批勇将，也都是战功赫赫。朱元璋依靠这些勇将，终于削平群雄，统一了中国。

定鼎金陵①　　传位太孙
皇孙建文②　　失之柔仁

[注释]

①定鼎：传说夏禹铸造九个铜鼎，象征九州，置于国都，为传国重宝。因而后人称建立王朝或确定首都为定鼎。

②建文（1377~1402）：即朱允炆。朱元璋孙。公元1398年即位。年号建文，在位四年。燕王朱棣攻陷南京，自焚死。

[讲解]

朱元璋于公元1368年称帝，国号明，定都南京，年号洪武。即位以后，实行屯田，抑制豪强，制定《大明律》，废除宰相制，加强皇权。立长子朱标为太子，后来朱标去世，朱元璋又立朱标之子朱允炆为皇太孙。朱元璋去世后，朱允炆便继承皇位，年号建文。故后人习惯上称他为建文帝。明代以前的皇帝，在位期间往往要换几次年号，所以后人称呼他们，多用其庙号来称呼，兼有用谥号来称呼的。自明太祖以后，每个皇帝一生只有一个年号，因而遂流行用年号来称呼他们了。如明朝的嘉靖、崇祯，清朝的康熙、乾隆都是年号，但同时也是皇帝的代称。

建文帝优柔寡断，听从几个大臣的意见，准备削藩，以巩固中央权力。他先逮捕了几个藩王，治其罪，废为庶人。但他缺少强有力而又稳妥的削藩计划，以致引起众多藩王的恐慌和不满，导致燕王起兵造反。经过三年战争，燕王部队终于攻入南京，建文帝自焚死。不过也有传说他从地道中逃走，改换僧装流亡各地，不知所终。

成祖永乐①　　龙飞幽燕②
师名靖难　　迁都北京

[注释]

①成祖（1360~1424）：即朱棣，朱元璋第四子。公元1399年起兵，1402年攻占南京，即皇帝位，年号永乐。后迁都北京。在位二十二年。

②龙飞：指帝王创业登基。《易经》："飞龙在天，利见大人。"注疏："若圣人有龙德，飞腾而居天位。"

[讲解]

朱棣被封为燕王，驻于北平（称帝后改名北京）。建文帝即位后，即与大臣齐泰等议定削藩，先后逮捕了周、齐、代、岷四家藩王，又将齐、代、岷王废为庶人。湘王被迫自杀。燕王朱棣不肯束手待毙，便以清除朝内奸邪、解救各藩王为名，以"靖难"的名义，起兵讨伐建文。朱棣占领南京后，改北平为北京，在北京建造宫殿和太庙等建筑，于永乐十八年（1420）落成。次年，正式迁都北京，以南京为留都。他在位期间，开拓疆土，巩固边防，维护了中华版图的完整。经济繁荣，国力强盛，被称为"永乐盛世"。《明史》对他的评价是雄才大略，可比明太祖，国家幅员之广，远超汉唐。他派遣郑和七下西洋，经历三十多个国家，加强了中外经济文化的交流。又下令编纂了《永乐大典》，对保护历史文化典籍起到很大作用。

仁宗昭皇① 监国被谗②
暨登大位 克任贤良

[注释]

①仁宗（1378~1425）：即朱高炽，成祖长子。公元1424年即位，次年病死，年号洪熙。仁宗是他的庙号，昭皇是他的谥号。

②监国：古时皇帝出外巡狩或其他原因，不能正常处理日常政务，指定由太子或某亲王代行处理国政，称之为监国。

[讲解]

朱高炽于洪武二十八年（1395）被立为燕王世子，成祖"靖难"南征，他留守北平。成祖即位，他又被立为皇太子。成祖多次北征鞑靼，命他在京师监国。他的兄弟朱高煦、朱高燧都想谋夺太子位，与宦官勾结，向成祖进谗陷害，高炽险些被废。朱高炽即位以后，任用贤良，将蒙冤入狱的大臣夏原吉、黄淮、杨溥等释放出来，并恢复原官，加以重用。黄淮恢复职务，并擢升为武英殿大学士。杨溥为翰林学士，一年后也进入了内阁。明初发生过宰相胡惟庸专权树党、图谋不轨案件，所以朱元璋决定不设宰相，仿宋朝制度，设立内阁大学士若干人，协助皇帝处理朝政。其职权地位相当于宰相。

朱高炽虽仅当了一年皇帝，但他任命了一批正直有为的官员，为后来政治清明打下了基础。

宣庙英武① 历年十祀②

三杨秉政 海内称治

[注释]

①宣（1399~1435）：即明宣宗朱瞻基，仁宗长子。公元1425年即位，在位十年，年号宣德。

②十祀：祀，商代称"年"为"祀"。指朱瞻基在位十年。

[讲解]

明宣宗即位以后，任用杨荣、杨士奇、杨溥为内阁大学士，协助处理政务。因为他们都姓杨，所以被人称为"三杨"。这一段时间国内政治平稳、法令严明、社会安定。明朝建国至此已有六十年，元末战乱的破坏才逐渐消除，百姓乐业，国库充裕，百业繁荣。宣宗下令在江西景德镇设立窑场，派出官员监督工匠造瓷，造出的瓷器极为精巧。由于这时是宣德年号，所以号称"宣窑"。宣宗还下旨命令工部尚书制造了一批铜香炉，供宫内和寺庙使用。这批香炉从造型到用料都十分考究，被称为"宣德炉"，也成为我国工艺史上的珍品。

英宗正统① 轻举丧师

景泰继立② 中国有主

[注释]

①英宗（1427~1464）：即朱祁镇，宣宗长子。公元1435年即位，年号正统，后来北征，被瓦剌部落俘虏。一年后放回，被尊为太上皇。后复

辟，改年号天顺。前后两次为帝，共在位二十四年。

②景泰（1427~1457）：即明代宗朱祁钰，宣宗次子。英宗被俘后，他即位为帝。在位七年有余。英宗复辟后，废为郕王。不久病死。至成化年间才得恢复帝号，史称景帝。南明又尊以"代宗"庙号。

[讲解]

明英宗朱祁镇自幼就由一个名叫王振的太监侍候。英宗九岁当了皇帝，不久便提拔王振为司礼秉笔太监。王振自恃是皇帝的近臣，作威作福，权势极大。公元1449年，蒙古族瓦剌部落的首领也先领兵抢掠扰乱大同等地，王振劝说英宗御驾亲征。结果前线兵败，英宗后退，在土木堡（今河北怀来境内）被也先军队追上，英宗被俘，王振死于乱军之中。英宗被俘后，朝野震动。皇太后下旨让英宗的兄弟郕王朱祁钰监国，坐镇京师，任命于谦为兵部尚书。不久，由于谦等人提议，朱祁钰即皇帝位，改年号为景泰。

于谦殚忠[①]　　北驾克还

[注释]

①于谦（1398~1457）：浙江钱塘（今杭州）人。官至兵部尚书，加少保，拥立景泰帝，并击退也先进犯，迫也先放回英宗。英宗复辟后被杀害。万历年间追谥忠肃。殚（dān）：尽，竭尽。

[讲解]

于谦是明朝名臣，民族英雄。永乐九年（1411）进士，宣德初，授御史，随帝出征朱高煦叛乱。高煦降，于谦厉声数其罪，义正词严，高煦战栗不能对。宣宗深赞赏于谦口才。后出按江西，又巡抚河南、山西，平反冤狱，政绩卓著。英宗时，也先入寇，英宗被俘，于谦拥立景帝即位后,作为兵部尚书,立即组织军队防守北京。有人以为瓦剌军队太盛,建议迁都南方,被于谦否决。景泰帝即位两个月后,瓦剌首领也先劫持英宗到卢沟桥,让明朝政府用金帛万万两(匹)来把英宗赎回。有的大臣想与也先议和。于谦力主抗击,先后击退来犯北京德胜门和彰义门的瓦剌军队。也先讨不到便宜,而各地勤王兵马很快就要赶至北京,也先只好带着英宗经良乡县往西退走。后来,也先派使者来请求议和。英宗被俘整整一年,至此才得放回。

潜处南内　　七年复辟
徐石冒功①　　李岳襄治②

[注释]

①徐石:即徐有贞、石亨。徐有贞(1407~1471),吴(今江苏苏州)人。宣德进士,景泰时任监察御史,后谋划英宗复辟,升华盖殿大学士,因与石亨、曹吉祥相恶,被削职贬往云南为民,后十余年病死。石亨(?~1460),渭南(今属陕西)人,武将,景泰中从于谦守北京,封镇朔大将军。首谋英宗复辟,晋封忠国公,恃功骄横,以图谋不轨,下狱死。

②李岳:即李贤、岳正。李贤(1408~1467),邓(今河南邓州)人。宣德进士,天顺时任吏部尚书,升华盖殿大学士,为内阁首辅达十年之久,卒赠太师。岳正(1418~1472),漷(kuò)(今河北香河西北)人。正统进士,天顺初入内阁,欲离间石亨、曹吉祥,反被诬陷,贬往肃州(今甘肃酒泉),吉祥被诛后放回,因为人耿直,又被排挤,出任兴化(今福建莆田)知府,卓有政绩。因厌恶官场倾轧,遂请致仕归乡。

[讲解]

明英宗被也先放回北京,景泰帝安排他住在城南的一所住宅中当太上皇,住所称为南宫。英宗对于失去皇位很不甘心,但他已没有权势,无能为力,在南宫里冷冷清清过了六七年。

景泰七年,明代宗病重,到南郊祭天祈祷,夜宿斋宫。主管祭祀事务的武清侯石亨见景泰帝病重,难以恢复,便与宦官曹吉祥、都御史徐有贞等商量,趁机拥立英宗复位。他们连夜调动军队,到南宫迎英宗,从东华门进入皇宫。次日早朝,拥英宗升殿,宣布英宗复皇帝位。并当场将拥立景泰帝的于谦等逮捕,旋即处死。

英宗复辟,以为是天意,于是便改年号为天顺。石亨等人拥立有功,加官晋爵。石亨又诬陷杀害于谦,夺取军权,部属亲友得官者四千余人,内外将领多出自其门下。但他们权力过大,为英宗所忌,先后被贬官、流放或处死。曹吉祥见石亨被杀,恐祸及己,遂图谋发动政变,事败被杀。英宗复辟后,任用李贤、岳正等一批正直能干的官员外筹边计、内抚百姓,国家暂时相安无事。

宪宗成化①　　任阉媚佛
林俊直谏②　　王恕忠斥③

[注释]

①宪宗(1448~1487):即朱见深,英宗长子。天顺八年(1464)即位,次年改元成化。在位二十三年。

②林俊(1452~1527):福建莆田人,成化进士。历事成化、弘治、正德、嘉靖四朝。官至刑部尚书。

③王恕(1416~1508):陕西三原人。正统进士。天顺时任布政使;

成化时任巡抚、南京兵部尚书；弘治时，官至吏部尚书、太子太保。卒赠太师。

[讲解]

明宪宗即位后，恢复了景泰帝的帝号，为于谦平反昭雪。但是他宠信宦官汪直，设立西厂特务机构，以汪直为提督，专门缉访监视官员对政府不满的言论活动，先后陷害罢免公卿大臣数十人。汪直一时权倾天下，人人惧怕。同时，宪宗又非常迷信佛法，动用国库巨额金钱建造佛寺。刑部官员林俊上书直谏，要求将招摇撞骗的妖僧斩首，将不法太监梁芳治罪。宪宗见了他的奏章后大怒，将林俊下监。后经多人营救，林俊才被放出来，贬官到外地。后历任都御史，工部、刑部尚书，以敢于直谏为人称誉，但几次触怒皇帝，嘉靖时去世后，又被夺削官职。直至隆庆朝才复官，追赠少保，谥贞肃。

兵部尚书王恕向宪宗上几十道奏章，斥责权贵佞幸。宪宗很不高兴，几次将他贬官。成化二十二年（1486）又突然批令让王恕致仕。直至孝宗即位才又召回，出任吏部尚书。王恕刚直清正的品行受到人们的赞扬。时有民谣说："两京十二部，独有一王恕。"（明太祖定都南京，在南京设立中央政府六部机构，后永乐帝迁都北京，但南京的六部机构仍然保留，处理南方日常行政事务，故南北两京均有六部。）

孝宗弘治[①]   **黜奸进贤**

谢迁刘健[②]   **大夏戴珊**[③]

[注释]

①孝宗（1470~1505）：即朱祐樘（chēng），宪宗第三子。公元1487年即位，在位十八年，年号为弘治。

②谢迁（1450~1531）：浙江余姚人。弘治中官至东阁大学士，正德年间加太子太傅。因请诛宦官刘瑾而被罢官为民，刘瑾被诛后复职。刘健（1433~1526）：洛阳人。弘治中官华盖殿大学士，为内阁首辅。正德中因弹劾刘瑾被免职为民，刘瑾伏诛后复官。嘉靖中卒，追赠太师，谥文靖。

③大夏（1436~1516）：即刘大夏，华容（今属湖南）人。弘治中官至都御史、兵部尚书。正德中因得罪刘瑾被谪官。刘瑾伏诛后复官。卒赠太保，谥忠肃。戴珊（1437~1505）：浮梁（今江西景德镇）人。弘治中任左都御史、南刑部尚书，廉洁耿直。弘治十八年去世。

[讲解]

明孝宗于1487年即位后，即整肃朝政，首先将不学无术、结党营私的内阁大学士万安免职，起用正直廉洁的王恕、刘健等为大学士，入阁参赞政务，以刘大夏、戴珊为都御史，将因进言劝谏而被免职的官员一律复职，把不法太监梁芳和方士李孜省逮捕下狱。此后，孝宗又提拔李东阳、谢迁进入内阁为大学士，参加辅政。这些人都是一代名臣，当时有歌谣称赞他们说："李公谋，刘公断，谢公更侃侃。"

武宗正德①　　宦瑾专横②
宁藩肆逆③　　守仁克定④

[注释]

①武宗（1491~1521）：即朱厚照，孝宗长子。公元1505年即位，在位十六年，年号正德。

②瑾（？~1510）：即刘瑾，陕西兴平人。宦官。受武宗宠信。掌司礼监。结党营私，排除异己，斥逐大臣，杀戮无辜。后因谋反罪，被处死。

③宁藩（？～1520）：即朱宸濠。明宗室，袭封宁王，居南昌。正德十四年（1519）发动叛乱，被俘杀。

④守仁（1472～1528）：即王守仁，浙江余姚人。弘治进士。正德年间任江西巡抚，平定宸濠叛乱，封新建伯。卒谥文成。是我国历史上著名哲学家、教育家。

[讲解]

明武宗宠信宦官刘瑾、谷大用等人，嬉游淫乐，朝政紊乱。宦官们也恃宠作威，特别是刘瑾更是权势无比。他主持东厂、西厂等特务机构，更增设内厂，杀人如草，罪行累累；又扩大皇庄范围，掠夺百姓土地，弄得民不聊生。后来刘瑾因谋反罪被处死。

分封在江西南昌的宁王朱宸濠看到武宗失政，民怨沸腾，便想乘机举行叛乱，夺取皇位。结果败在江西巡抚王守仁手下，宸濠被活捉处死。因而有人称王守仁为明朝中兴第一功臣。他不仅是时代杰出的政治家，还是我国历史上著名哲学家。他发展了宋儒陆九渊的哲学思想，以"致良知"和"知行合一"为主旨，与宋儒程颢、朱熹为代表的"程朱学派"相对抗。由于他曾在故乡的阳明洞中筑室读书，所以后人称他为"阳明先生"，将其哲学体系称之为"阳明学派"，又与宋儒陆九渊合称为"陆王学派"。他去世后，他的学生将他的著述编辑为《阳明全书》，又名《王文成公全书》。

世宗肃皇① 　　龙飞藩邸

定礼崇圣　　作箴主敬②

晚戮谏臣　　惑于邪佞

[注释]

①世宗（1507～1566）：即朱厚熜（cōng）。宪宗孙，武宗从弟。公

元 1521 年即位，在位四十五年，年号嘉靖，谥号肃。

②箴：古时文体的一种，以规劝、告诫为主题。

[讲解]

明世宗朱厚熜是兴献王朱祐杬的儿子，因武宗无子，遂被迎立为帝，时年仅十五岁。他即位以后，着手革除武宗时期的弊政，处死作恶多端的官员江彬、钱宁，黜退宦官谷大用、丘聚、张永等人，遣散锦衣卫及厂、寺的旗校、军士、匠役，退还了部分被官僚强占的民田。他大力提倡儒学，称孔子为"至圣先师"，对祭祀孔子的礼乐规格进行了新的规定。又颁发《御制敬一箴》，令各府、州、县学官均刻碑立石，以劝勉生员尊孔读书。可是到了晚年，明世宗迷信道教，追求长生不老，把朝政交给了奸臣严嵩父子，政治日趋腐败。著名的直臣杨继盛（谥忠愍）弹劾严嵩五奸十大罪，结果被严嵩矫旨处死。严嵩是明代最大奸臣，欺下媚上，窃权专政二十年，其子严世蕃及亲信赵文华等，结党营私，排除异己，杀害斥逐正直大臣，作恶多端，后来帝宠渐衰，被御史邹应龙等人弹劾，严世蕃下狱斩首，严嵩时已 84 岁，免死，被抄家，削职为民，不久病死。

穆宗隆庆①　　在位未永

神宗万历②　　四十八纪

始任居正③　　海瑞清直④

末年深拱　　政事有失

[注释]

①穆宗（1537~1572）：即朱载垕（hòu）。世宗第三子。在位六年，年号隆庆。

②神宗（1563~1620）：即朱翊钧。穆宗第三子。即皇帝位时仅十岁。

在位四十八年,年号万历。

③居正(1525~1582):即张居正,湖广江陵(今湖北荆州)人。万历初为内阁首辅,当政十年,政绩显著。

④海瑞(1514~1587):琼山(今海南海口)人。著名清官,敢于直谏,执法不避权贵。历官南京右佥都御史、吏部右侍郎等职。

[讲解]

明穆宗隆庆帝登基后,政令上有所改革,起用了前朝因直谏获罪的老臣,出海瑞于狱,为被冤杀的杨继盛、沈炼平反昭雪。又任用了高拱、张居正一批能臣,有一定政绩,但仅当了六年皇帝就病死了,其子朱翊钧即位。就是明神宗,即位时才十岁,一切政事都由内阁首辅张居正处理。张居正首先清丈全国土地,清查了大地主隐瞒的庄田,实行"一条鞭法",就是把各项税役合并为一,按亩征银。这一改革使纳税的土地从四百万顷增加到七百万顷,增加了国家财政收入。张居正又整顿吏治,精简政府冗员,加强边防,起用戚继光等抗倭名将。张居正去世后,神宗又召回年已七十二岁谢病归家的老臣清官海瑞出任南京右都御史。海瑞在平反冤狱、严惩贪污上有不少成绩。但神宗是个奸贤杂用的皇帝,朝政每况愈下。到了晚年,他竟然深居宫内,二十多年不曾接见一个大臣。

光宗泰昌①　　号称仁贤

在位一月　　龙驭上仙②

[注释]

①光宗(1582~1620):即朱常洛,神宗长子。在位一个月,中毒死。年号泰昌。

②龙驭:骑龙升天,比喻皇帝死亡。

[讲解]

明光宗于万历二十九年（1601）被立为太子，到万历四十八年（1620）神宗去世，他才继承皇位。他遵照神宗遗诏，出钱百万，犒赏边防将士，又免去直隶受灾地区百姓钱粮，任用了一批新人入内阁执政，很想有一番作为。但他在位仅一个月就生了病。服了李可灼进的红丸后中毒身亡。有人认为是神宗的郑贵妃和光宗有矛盾，故意让人毒死光宗。

熹宗天启①　　魏宦擅权②
诛戮忠良　　邦国用殄③

[注释]

①熹宗（1605~1627）：即朱由校。光宗长子。公元1620年即位，在位七年，年号天启。

②魏宦（1568~1627）：即魏忠贤，宦官。河间肃宁（今属河北）人。万历年间入宫，天启中为司礼秉笔太监，兼管东厂。自称九千岁，权势极大。崇祯帝即位后，将他放逐凤阳，途中自缢而死。

③用殄：用，连词。相当于"因而""于是"。殄（tiǎn），疾病，绝灭。本句就是说：国家因此已病入膏肓，到了崩溃边沿。《诗经》："人之云亡，邦国殄瘁。"

[讲解]

明熹宗宠信宦官魏忠贤。这个魏忠贤善耍权术，他勾结熹宗乳母客氏，骗得熹宗信任，当上司礼秉笔太监。后来又兼管东厂，以致干预朝政，私党遍布于政府各部门，并自称九千岁，让全国各地为他盖生祠，顶礼膜拜。对于反对他的大臣和东林党人，他严加镇压。著名将领熊廷弼、正直的御史杨涟、左光斗等，都被魏忠贤杀害。明朝政权日益腐败，已经到了崩溃的边缘。

庄烈崇祯① 克诛逆阉
流寇肆虐 臣工匪比
遂致沉没 悲哉陨涕

[**注释**]

①庄烈（1611~1644）：即朱由检。光宗第五子，熹宗弟。奉熹宗遗诏即位，在位十七年，年号崇祯。李自成军破北京，他自缢于煤山（今北京景山公园内）。明亡，清顺治元年以帝礼葬之，谥号庄烈。

[**讲解**]

崇祯皇帝即位以后，看到了国势日衰、社会动荡、农民暴动、朝政混乱，便想重振朝纲。他首先拿魏忠贤开刀，逼其自杀，又处死与魏忠贤狼狈为奸的客氏，清除其党羽，抚恤天启年间被迫害的诸臣。同时，他又任命极有将才的袁崇焕为兵部尚书，加强边防，抗击崛起关外的女真族。又调集军队，镇压农民起义。但是为了应付庞大的军费开支，只好增加赋税，更严酷地压榨百姓，导致矛盾进一步激化，农民纷纷起义。崇祯元年（1628），陕西安塞人高迎祥起义，号称闯王，纠集各路农民起义军有三十六营之多。由于其流动性很大，被明朝统治阶级称之为"流寇"。崇祯九年（1636），高迎祥战死，由李自成接任领袖，继称闯王。李自成提出了"均免田赋"的口号，深受农民欢迎，起义军迅速发展到百万之众。公元1644年春天，李自成攻占北京。崇祯皇帝逃到皇宫后边的煤山上，自缢而死，明朝遂亡。

明朝自朱元璋称帝，至崇祯自缢，共经历了十六个皇帝，统治二百七十六年。

弘光南渡①　　僭位金陵②

去贤用佞　　一载出奔

[注释]

①弘光：指南明皇帝朱由崧（？~1646）。弘光是其年号，朱常洵子。崇祯十七年（1644），明亡，在南京被拥立为帝。次年清兵南下，被俘后押送北京处死。

②僭（jiàn）位：僭，超越身份假冒。封建王朝以正统自居，称割据一方相对抗的政权为"僭伪"，其所立的帝王为"僭位"。

[讲解]

明朝灭亡以后，福王朱由崧逃到淮安，被马士英等迎至南京，拥立为皇帝，年号弘光。马士英掌了大权，结党营私，卖官鬻爵，排斥史可法等忠臣良将，结果人心离散。一年后清兵攻陷南京，弘光帝逃往芜湖，后又被俘，押送北京处死。

除弘光帝外，还有几个逃到南方的明朝皇族被拥立为帝抵抗清兵，史称南明。但实际上地盘太小，势力不大，存在时间也不长。

大清奋起　　薄海一统①

[注释]

①薄海：薄，靠近、逼近。《尚书》："外薄四海，咸建五长。"后用以泛指海内外广大地区，国家领土。

[讲解]

聚居于中国东北部的少数民族女真，是金国的后代。公元1616年，女真贵族努尔哈赤统一了女真各部落,在赫图阿拉(今辽宁新宾)建立了后金政权,称金国汗,年号天命。以后逐步扩张,攻陷了明朝的沈阳、辽阳等地,便迁都于辽阳。皇太极继位后,改年号为天聪。他积极吸收汉族文化,翻译汉文书籍,仿明朝官制设立六部。天聪十年(1636)宣布改国号为清,称皇帝,改元崇德。又增编了"八旗蒙古""八旗汉军",加强兵力,进一步对明朝用兵,准备统一中国。皇太极于崇德八年(1643)去世,由他六岁的儿子福临继皇帝位,由福临的叔父多尔衮辅政。第二年(1644)正式改元为顺治。就在这一年三月,李自成农民起义军攻陷北京,结束了明朝的统治。

李自成占据北京后,便骄傲起来,他的部下争权夺利,彼此不和。这时,明朝山海关总兵吴三桂引清兵进入山海关。李自成被清兵战胜,放弃北京南撤。第二年,在湖北通山九宫山被当地民团杀害。清兵占领北京后,长驱直入。经过数年征战,终于统一了中国。

辛亥革命　　帝制告终

[讲解]

清朝是我国历史上最后一个封建王朝。自顺治元年(1644)清世祖入关,定都北京,逐步统一了中国,成为当时亚洲最强大的封建帝国。但是自1840年鸦片战争以后,西方列强开始了对中国的瓜分,清朝政府日益腐败,中国面临着被列强瓜分的危险。许多有识之士为推翻腐败的清朝政府、驱逐列强、振兴中国而前仆后继。孙中山、黄兴等领导的中国同盟会提出了"驱除鞑虏,恢复中华,建立民国,平均地权"的斗争纲领,在各省和海外建立革命组织,并于1911年10月10日在武昌举行武装起义,推翻了清朝的统治。因1911年为农历辛亥年,故史家称之为"辛亥革命"。辛亥革命胜利后,清朝皇帝被迫宣告退位。从皇太极改国号为清起,共历十一帝,二百七十六年。辛亥革命的胜利不仅结束了清朝政府的统治,而且延续了几千年的封建帝制至此遂告终结。

附录

历代国号歌

天皇地皇人皇氏,名曰三皇居上世。
太昊炎帝及轩辕,唐虞绍之为五帝。
夏商周秦西东汉,后汉魏吴三国判。
汉亡于魏魏禅晋,晋遂平吴天下定。
扰西晋者为五胡,天下瓜分南北隅。
南为东晋居江左,宋齐梁陈踵其都。
北则五胡而后魏,东魏西魏分为二。
东传北齐西禅周,周又灭齐禅隋帝。
隋能平陈海宇同,曾几何时禅唐室。
唐祚终兮为五代,梁唐晋汉周相继。
宋代周兮天下平,中南渡兮迫于金。
诛金灭宋是为元,明传不足三百年。
自尧讫明几春秋,历传四千零数周。

历代帝王歌

三皇

凿开混沌分天地，天地分从摄提岁。
是生万物人最灵，斯人之初盘古氏。
天皇兄弟十三头，岁各一万八千周。
地皇兄弟合十二，亦各一万八千祀。
人皇兄弟凡九头，兄弟九人分九州。
相传一百五十世，四万五千六百秋。
三皇以后有巢出，构木为巢食果实。
有巢氏后燧人兴，钻木取火教民食。

五帝

粤自太昊伏羲氏，首画八卦造书契。
女娲共氏暨无怀，风姓相传十五世。
后有神农号炎帝，始尝百草教耒耜。
lěi sì
传及榆罔姜姓终，八世五百二十岁。
公孙轩辕为黄帝，衣裳而治法乾坤。
金天少昊是其子，高阳颛顼是其孙。
曾孙帝喾号高辛，玄孙伊祁名放勋。
放勋是为陶唐氏，禅于有虞其姓姚。
重华其名舜其谥，舜又禅于夏后氏。

夏

禹启太康与仲康,帝相少康杼槐芒。

泄不降扃廑孔甲,帝皋帝发履癸亡。
（扃 jiōng　廑 jǐn）

家天下者始于禹,取天下者始成汤。

商

成汤太甲并沃丁,太庚小甲雍己承。

太戊仲丁外壬立,河亶甲兮祖乙兴。

祖辛沃甲祖丁继,南庚阳甲与盘庚。

小辛小乙武丁续,祖庚祖甲兼廪辛。

康丁武乙文丁嗣,帝乙至纣国祚湮。

盘庚以前为商号,盘庚以后号为殷。

周

文武成康与昭穆,共懿孝夷厉宣幽。

平桓庄釐惠襄顷,匡定简灵景悼伂。
（釐 xī）

敬元贞哀思考烈,安烈显慎赧东周。

威烈以后为战国,平王以后为春秋。

春秋战国

成王以鲁封伯禽,齐与陈也曹燕秦。

卫宋楚晋郑吴国,十二分据春秋成。

秦始嬴姓后灭周,韩魏赵氏分晋都。

更有楚燕与齐国,俱并于秦诚可羞。

秦

昭襄孝文庄襄王,并吞六国始皇强。
高弑二世子婴立,项羽灭之秦乃亡。
得秦之号自非子,灭秦之姓自始皇。

汉

高惠吕后文景承,武昭宣元成哀平。
光明章和殇安继,顺冲质桓灵献更。
西汉高帝起丰沛,东汉光武起春陵。

后汉三国

汉始昭烈终后主,魏文明齐高贵公。
传及陈留王已矣,吴王既逝会稽逢。
止于景帝与乌程,是为三国相凭凌。
后汉讨贼为正统,魏吴灭汉皆篡臣。

两晋

武惠怀愍元明成,康穆哀奕并简文。
孝武安帝及恭帝,两晋之时十五君。
武帝洛阳为西晋,建康元帝作东京。

南北朝　宋齐梁陈隋

宋武少文孝武至,废明苍梧及顺帝。
齐高武明东昏和,梁武简文元敬继。
陈武文临宣长城,隋文炀帝恭帝毕。
五朝二十有五君,共历二百有八岁。

唐

高太高武中睿玄,肃代德顺宪穆传。
敬宗文武宣宗续,懿僖昭宗与昭宣。
高宗以后多女乱,肃宗以后藩镇叛。
更有奄宦窃大柄,竟为唐室之世患。

五代　梁唐晋汉周

梁有太祖与末帝,唐庄明闵潞王缔。
晋有高齐汉高隐,周则太祖世恭继。
五代相传十三君,仅历五十余三岁。

宋

太祖太宗真仁英,神宗哲宗并徽钦。
高孝光宗宁理继,度恭端兮帝昺沉。
太祖太宗成帝业,高宗南渡号中兴。

元

元之克宋始太祖,太宗定宪赞九有。
世祖混一灭宋君,成宗继以武仁英。
泰定明文宁顺绝,八十九年传十叶。

明

太祖首出大明君,孙蒙祖号乃建文。
成祖燕藩入正位,洪熙宣德正统配。
弟袭兄统景泰移,天顺复位千古奇。
成弘太平正德继,嘉隆万历称盛治。
泰昌天启逢否运,崇祯殉国社稷止。

历代群英歌

虞（八元八恺）

八元才子迈时流，伯奋仲堪叔献侑。
季仲居中联伯虎，仲熊叔豹季狸周。
高阳八恺首苍舒，䅺(ái)敳(táo)梼(yǎn)戭及大临。
庞降庭坚联叔达，仲容居七共森森。

周（孔门弟子）

至圣先师孔子位，颜曾思孟为四配。
十哲闵子冉伯牛，仲弓宰我端木赐。
子路冉有及子游，子夏子张皆殿内。
两庑有若原宪思，陈亢樊迟及高柴。
商瞿林放南宫适，申枨申党与澹台。
公冶马牛公西赤，伯僚琴张公皙哀。
冉孺梁鳣步叔乘，漆雕徒父漆雕开。
颜高颜辛漆雕哆，颜祖颜何宓不齐。
颜哙颜仆公夏首，秦商秦冉巫马施。
邦巽(xùn)廉洁公肩定，狄黑奚蒧(diǎn)燕伋思。
县成乐欬左人郢，郑邦施恒荣子祺。
句井疆连罕父黑，孔忠冉季叔仲期。
公祖句兹石作蜀，公西蒧与公西舆。

后处郰单与原亢,壤驷赤与秦子之。
公孙龙及公良孺,曹恤伯虔商子季。
任选蘧瑗左丘明,是为先贤东西序。
孔子圣父叔梁纥,颜路曾点孔鲤继。
孟子之父激公宜,启圣祠中专奉祀。

汉（四皓三杰）

汉家四皓隐商山,绮里东园与夏黄。
楚楚衣冠并甪里,茹芝不辱避君王。
萧何转运张良筹,韩信将兵百万优。
除秦逐鹿兼天下,三杰争光闳散俦。

汉（定元功十八侯）

酂侯萧何功第一,平阳曹参乃其次。
宣平张敖绛周勃,舞阳樊哙在第五。
曲周郦商鲁奚涓,夏侯婴封汝阴地。
第九颍阴侯灌婴,傅宽应受阳陵秋。
靳歙旌封信武侯,安国侯兮王陵是。
棘蒲陈武列十三,清阳割土侯王吸。
广平崇秩锡薛钦,汾阴周昌原口吃。
阳郡丁复当十七,曲成侯兮虫达毕。
汉朝高祖定元勋,带砺山河同庙食。

汉（麒麟阁功臣十一人）

博陆侯姓霍，图形独不名。

谨厚张安世，韩增特用兵。

靖边赵充国，制治魏丙精。

杜延年以安和著，刘德儒学汉宗英。

萧望之与梁邱贺，皆以文学显时名。

峥嵘大节惟苏武，图形何独后丹青。

东汉（云台二十八将）

邓禹为首次马成，吴汉王梁贾复同。

陈俊耿弇及杜茂，寇恂傅俊与岑彭。

坚镡冯异暨王霸，朱佑任光祭遵承。

李忠景丹万修并，盖延邳彤亦其群。

铫期刘直耿纯同，臧宫马武并刘隆。

二十八将应列宿，奋其智勇建奇功。

又以王常逯李通，窦融卓茂附其终。

东汉党锢三十五人（三君八俊八顾八及八厨）

窦武陈蕃刘淑者，一世所宗为三君。

李膺荀昱与杜密，王畅刘佑同名称。

魏朗赵典及朱㝢，谓之八俊言人英。

郭泰范滂兼尹勋，巴肃宗慈夏馥因。

蔡衍羊陟为八顾，能以德行引乎人。

张俭翟超岑晊同，苑康刘表陈翔从。
孔昱檀敷为八及，能道乎人追其宗。
以财救人八厨号，度尚张邈共王考。
刘儒之侪胡母班，秦周蕃向王章老。
党狱从兹无日虚，汉基都为王曹扰。

魏晋（竹林七贤）

七士嵇康盖有名，山涛向秀并刘伶。
阮家叔侄夸咸籍，亦有王戎得见称。

唐（十八学士）

王府属兮如晦堪，记室玄龄虞世南。
文学褚亮姚思廉，李玄道为主簿焉。
参军蔡允恭兼谁，薛元敬与颜相时。
懿议典签苏勖并，从事中郎于志宁。
军谘祭酒苏世长，记室薛收声亦扬。
李守素自仓曹升，国子博士陆德明。
同其职者孔颖达，盖文达自信都拔。
宋州户曹许敬宗，一十八人名望同。
并以本官兼学士，号登瀛洲夸胜事。

唐（凌烟阁功臣二十四人）

长孙无忌称赵公，河间元王是孝恭。
杜如晦兮封莱成，文贞郑公系魏徵。

梁公申公及鄂公，玄龄士廉敬德同。
魏公李靖宋萧瑀，段志玄是褒忠公。
刘弘基兮夔襄公，蒋忠公兮屈突通。
殷开山兮称郧(yún)节，老婿柴绍谯襄秩。
长孙顺德号邳襄，郧(yún)陈张亮侯君集。
张公瑾兮郯襄公，程知节兮封于卢。
永兴文懿虞世南，渝襄公兮刘政会。
莒襄公兮唐俭得，为英公者李世勣。
胡壮公兮秦叔宝，凌烟阁上图诸老。

宋（景灵宫配享功臣二十四人）
赵普开国元勋，曹彬清雅仁厚。
居正方重自持，熙载清介自守。
潘美征伐多绩，李沆先见知人。
王旦裁抑奔竞，继隆不附权臣。
王曾立朝正色，夷简忘身忧国。
曹玮沉勇有谋，公亮入相称职。
富弼西夏闻名，韩琦重厚如勃。
司马力攻新法，忠彦敢争正直。
颐浩人倚为重，世忠名将第一。
张浚经略有方，赵鼎力真宰相。
康伯拯济艰难，史浩备守为上。
葛邲荐进人才，赵汝愚守法度。
昭勋二十四人，理宗图像可慕。

宋（理学六君子）

宋代称六君子，濂溪明道伊川。

康节横渠同是，温公君实为然。

宋（耆英十三人）

洛社耆英叟，优游寿域中。

潞公文彦博，富弼继其踪。

席汝言年亚，方称王尚恭。

赵公南正人，刘氏得几翁。

更有冯行己，还夸楚建中。

慎言王叟与，张问张焘同。

拱辰王老外，司马氏温公。

宋（四相四真）

仁宗又治讫神英，四相勋名若盉簪。

后乐先忧范文正，处危排难魏公心。

欧阳学博古今重，富弼名高戎夏钦。

富弼公忠真宰相，包拯刚毅真忠臣。

欧阳文章真学士，胡瑗经业真先生。

南宋（五相四将）

南宋高宗四九龄，始终五相辅中兴。

李纲力谏君南幸，颐浩驱驰将北征。

赵鼎秉衡朝士贺，魏公堂轴众心倾。
天诛秦桧生康伯，止步闽都国又兴。
欲至中原复旧都，好凭四将助纲常。
魏公驻楚因防敌，光世屯庐为守江。
世忠功绩时第一，岳飞神策世无双。

元（四杰）

木华黎兮博尔术，赤老温兮博尔忽。
四人忠勇事本真，名号拔里班曲律。

明（太祖配享功臣十二人）

徐达功首乎诸将，常遇春勇冠三军。
李文忠战胜攻取，邓愈奉公守法循。
招降纳附是沐英，汤和临阵决机神。
首拔诸国赵德胜，胡大海屡建奇勋。
张德胜擒陈友谅，桑世杰亦立功频。
耿再成与俞通海，配享高庙立功臣。

明（成祖配享功臣四人）

智略谨厚称张玉，讨服南安朱能是。
张辅三平交趾地，姚广孝帷幄高僧。
四人靖难功臣伟，太庙配享万年春。

明（理学名臣十六人）

陈静诚薛瑄是首，吴与弼次陈献章。

陈选元祯胡居仁，罗伦庄昶声名扬。

黄仲昭以及章懋(mào)，守仁蔡清亦有光。

罗近溪与邹公智，洪先理学誉彰彰。